Biel   Seeland   Berner Jura

Zeitgeschichte
Geschichten in der Zeitung

Herausgeber:
W. Gassmann AG, Biel

Koordination:
Matthias Nast

Gestaltung:
Marc Zaugg, Konzept und Gestaltung, Bern

Mitarbeit:
Edith Höller (Lektorat), Carine Juillard (Layout)

Gesamtherstellung:
W. Gassmann AG, Biel

ISBN 3-906140-43-1
© 2000, W. Gassmann AG, Biel

Vorwort	Vorwort	4
1798–1849		
Wirtschaft und Gesellschaft	**Welt der Industrie:** Die Anfänge der Textil- und Uhrenindustrie	6
	Landwirtschaft: Der Bauer zwischen Grundherr und Revolution	8
Kultur	**Baugeschichte der Stadt Biel:** Stagnation, Umschichtung und Neubeginn	10
	Welt des Sports: Sportlich noch ein weisser Fleck auf der Landkarte	12
Alltag	**Alltagswelten:** Zwischen Revolution und Biedermeier	14
Politik und Presse	**Verlag und Druckerei Gassmann:** Presse und Verlagswesen in Biel bis 1850	18
1850–1880		
Wirtschaft und Gesellschaft	**Welt der Industrie:** Uhren und Eisenbahnen als Schrittmacher des industriellen Aufschwungs	20
	Aufstrebende Uhrenindustrie	22
	Aus der Bieler Bahngeschichte	24
	Von den Jurabahnen	26
	Landwirtschaft: Die Agrarmodernisierung	30
	Erste Juragewässerkorrektion – ein Jahrtausendwerk	32
	Die Pfahlbauzeit am Bielersee – ein Teil der Gegenwart	35
Kultur	**Baugeschichte der Stadt Biel:** Der Uhrmacherbeschluss führte zu einem Bauboom	36
	Welt des Sports: Die Periode der Geburtswehen	38
Alltag	**Alltagswelten:** Zwischen Bürgertum und Kaiserin Sissi	40
Politik und Presse	Die Bourbaki-Armee wird interniert	44
	Verlag und Druckerei Gassmann: Turbulenter Auftakt	46
1881–1918		
Wirtschaft und Gesellschaft	**Welt der Industrie:** Elektrizität und Fabrikproduktion	50
	Das Ringen um den «Moosrugger» – BTI-Bahn	52
	Landwirtschaft: Wein und Fleisch	54
	Die Rebenschädlinge am Bielersee	56
	Zucker aus Aarberg – vom Luxusartikel zum Massenkonsumgut	59
Kultur	**Baugeschichte der Stadt Biel:** Ein neues Stadtzentrum	60
	Welt des Sports: Vorbereitung des grossen Durchbruchs	62
	Robert Walser nimmt uns auf einen Spaziergang mit	64
	Albert Anker	68
Alltag	**Alltagswelten:** Zwischen Reform und Geschäft	72
	Der Jungburschenkrawall von 1918	76
Politik und Presse	Deutsch und Welsch	78
	Als in Biel alle Räder still standen: Der Landesgeneralstreik von 1918	82
	Verlag und Druckerei Gassmann: Die Zeit der Maschinen bricht an	86

1919–1945

Wirtschaft und Gesellschaft

Welt der Industrie:
Die Krisen in der Zwischenkriegszeit — 88
GM baute 329 864 «Automo-Biele» — 90
Die grosse Krise der Dreissigerjahre — 94

Landwirtschaft:
Bauern und Politiker — 96

Kultur

Baugeschichte der Stadt Biel:
Durchbruch des Neuen Bauens, sozialer Wohnungsbau, Bauen als Arbeitsbeschaffung — 98

Welt des Sports:
Erste Grosserfolge zwischen den Kriegen — 102

Alltag

Alltagswelten:
Zwischen Freiheit und Form — 104
Ein begehrenswertes Stück Freiheit — 108
Die «Spanische Grippe» wütet in Biel — 110

Politik und Presse

Bewegte Bieler Fusionsgeschichte — 112
Zeit des Zweiten Weltkriegs – Das «Polenlager» in Büren — 114

Verlag und Druckerei Gassmann:
Auf und ab in Zeiten der Krise — 116

1946–1975

Wirtschaft und Gesellschaft

Welt der Industrie:
Nachkriegseuphorie und Rezession — 118
Bielersee-Schifffahrt – einst und jetzt — 120

Landwirtschaft:
Die Rationalisierung der Landwirtschaft — 122
Die Lebensräume der Fische sind enger geworden — 124

Kultur

Baugeschichte der Stadt Biel:
Vom Nachkriegshoch in die Rezession — 126

Welt des Sports:
Nach dem Zweiten Weltkrieg die Konsolidierung — 128

Alltag

Alltagswelten:
Zwischen Pop-Art und Waschmaschine — 132

Politik und Presse

Die Jurafrage — 136

Verlag und Druckerei Gassmann:
Die Bieler Presse und der Nachkriegsboom — 140

1976–1999

Wirtschaft und Gesellschaft

Welt der Industrie:
Von der Industrie- zur Dienstleistungsregion — 144
Die Modernisierung der Uhrenindustrie — 146

Landwirtschaft:
Globalisierung und Ökologie — 148

Kultur

Baugeschichte der Stadt Biel:
Industriezonen und ökologisches Bauen — 150

Welt des Sports:
Die jüngste Zeit: Einzelsportler verdrängen die Teams — 152
Graffiti – Kunst oder Schmiererei — 156

Alltag

Alltagswelten:
Zwischen Ozonloch und Mikrowelle — 160

Politik und Presse

Verlag und Druckerei Gassmann:
Umzug ins Bözingenmoos — 164

2000+
150 Jahre W. Gassmann AG
www.bielseelandbernerjura.ch

Aussichten — 166
Das Jubiläum — 168
Regionales Gedächtnis — 172
Dank — 173
Bildnachweis — 174
Register — 175

Vorwort

«150 Jahre Kommunikation – Wir feiern Zukunft». Diese Worte haben unser Jubiläum geprägt. Hinter ihnen verbirgt sich ein persönliches Stück Gedankengut. Eine Philosophie, die auf der Erkenntnis beruht, dass nur die Polarität zur Einheit und somit zum Erfolg führt: hell bedingt dunkel, kalt bedingt warm, Bewegung bedingt Stillstand. Situationen, Stimmungen, Empfindungen – alles ist nur dann wahrnehmbar, wenn es sich durch eben diese Wechselbeziehung, diese voneinander abhängige Gegensätzlichkeit, manifestiert. Darin liegt auch das Geheimnis, dass ein Unternehmen wie das unsere überhaupt auf 150 Jahre zurückblicken kann. Nämlich in der Korrelation zwischen Höhen und Tiefen, Erfolg und Misserfolg, Risikofreudigkeit und Vorsicht, Glück und Kalkül – kurz: in der wechselseitigen Beziehung zwischen Vergangenheit und Zukunft.

Auch das Jahr 1850 stand ganz im Zeichen der Gegensätze. Und genau in dieser Zeit gesellschaftlichen Wandels, politischer Rivalität und wirtschaftlichen Aufbruchs erschien am 1. Januar 1850 die erste Ausgabe des «Seeländer Boten». Der schweizerische Bundesstaat war damals noch jung. Konservative, Liberale und Radikale standen sich im Kanton Bern und in der Region Biel, Seeland und Berner Jura unversöhnlich gegenüber.

Eine Phase starker politischer Betätigung führte stets zu neuen Zeitungsgründungen. Auch nach der Schaffung der modernen Schweiz 1848 entstanden viele neue Meinungsblätter – im Kanton Bern waren es 1848 und 1849 allein deren 18. Das Leben vieler dieser Zeitungen war jedoch nur von kurzer Dauer.

Die Firma Gassmann konnte sich behaupten. Es ist ihr gelungen, während 150 Jahren, in denen die Region zwischen Zeiten wirtschaftlichen Aufschwungs und Niedergangs pendelte, die Druckerei und den Verlag auszubauen.

Der Erfolg ist meinen Vorfahren zu verdanken, welche den Grundstein für diese Entwicklung gelegt haben und trotz, zum Teil widriger Umstände, stetig am Aufbau der Firma weitergearbeitet haben. So konnte das Unternehmen 1863 zusätzlich eine französischsprachige Zeitung lancieren, die ab 1871 als «Journal du Jura» publiziert wurde. Ab 1904 erschien der «Seeländer Bote» in der Stadt Biel als «Bieler Tagblatt». Heute zählen die beiden Tageszeitungen in der Region Biel, Seeland und Berner Jura über 100 000 Leserinnen und Leser.

Die Firma W. Gassmann AG hat dieser eigenständigen und selbstbewussten Region – in der sie während 150 Jahren tiefe Wurzeln geschlagen hat – viel zu verdanken.

Es ist mir eine grosse Freude, den treuen Leserinnen und Lesern des «Bieler Tagblatts» und des «Journal du Jura» als kleines «Danke» oder «Merci» dieses Jubiläumsbuch zu schenken. Ein Buch, das die Geschichte der Region Biel, Seeland und Berner Jura auch in all seinen gegensätzlichen Facetten festhält. Es dokumentiert die Welt der Wirtschaft, der Gesellschaft, der Politik, der Presse, der Kultur und des Alltags. Zwanzig Autorinnen und Autoren beschreiben die historische Entwicklung im hügeligen Jura, im weiten Seeland und im urbanen Biel.

Zusätzlich zum herkömmlich Gedruckten laden wir Sie zur virtuellen Reise in die Vergangenheit ein. Mit unserer Homepage gelangen Sie in die umfangreiche regional-historische Datenbank «Regionales Gedächtnis». Hier finden Sie weitere wertvolle Informationen und Dokumente zur Geschichte der Region. Unter http://www.bielseelandbernerjura.ch sind weiterführende Texte sowie einmalige, bisher unveröffentlichte Bild- und Filmdokumente abgelegt, die uns zum Teil in verdankenswerter Weise von Abonnentinnen und Abonnenten zur Verfügung gestellt wurden.

An dieser Stelle möchte ich allen, die zur Entstehung dieser Jubiläumsschrift und der Datenbank beigetragen haben, herzlich danken. Besonderer Dank gebührt den Autorinnen und Autoren der Schrift, Dr. Matthias Nast, der die Projekte inhaltlich geleitet hat und für die Gesamtredaktion verantwortlich war sowie allen Mitarbeiterinnen und Mitarbeitern der Firma W. Gassmann AG, die in irgendeiner Weise an der Veröffentlichung dieser Schrift und der Entwicklung der Datenbank «Regionales Gedächtnis» beteiligt waren.

Marc Gassmann, Verleger

1798–1849 Wirtschaft und Gesellschaft

Welt der Industrie
Die Anfänge der Textil- und Uhrenindustrie

Die Indiennedruckerei Verdan & Cie. um 1809.

An der Wende zum 19. Jahrhundert war der Kanton Bern noch weitgehend agrarisch geprägt. Zwar waren Handwerk und Gewerbe auch in ländlichen Regionen wie dem Seeland und besonders in den Kleinzentren Aarberg und Büren weit verbreitet, doch frühindustrielle Produktionsformen fanden sich nur in einzelnen Regionen. Zu den regionalen Schwerpunkten zählte der südliche Jura, wo im Amtsbezirk Courtelary bereits um 1770 ein Fünftel der Bevölkerung in der Uhrenherstellung tätig war. Zum Zentrum der jurassischen Uhrenindustrie entwickelte sich das «vallon de Saint-Imier», wo die Uhrenproduktion nach 1831 im Zuge der Regeneration einen rasanten Aufschwung erlebte. Den Grundstein dafür legten zugewanderte neuenburgische Uhrmacher, die neue, grosse «Ateliers d'établissage» zur Massenproduktion preisgünstiger Uhren auf heimindustrieller Basis gründeten (siehe auch Seite 22f.).

In Biel hingegen war die Uhrenproduktion nach 1798 infolge des französischen Exportverbotes für Edelmetalle fast gänzlich aufgegeben worden. Die Rolle des Führungssektors übernahm in dieser Frühphase der Industrialisierung die Textilindustrie, deren Absatzchancen sich unter französischer Herrschaft markant verbesserten. Die seit 1747 bestehende Bieler Indiennedruckerei entwickelte sich zu einem Grossbetrieb. Bei der Indiennefabrikation werden gebleichte Baumwolltücher mit auf Holzplatten eingeschnittenen Ornamenten ein- oder auch mehrfarbig bedruckt. Das Unternehmen beschäftigte um 1808 rund tausend Arbeitskräfte und bildete das Zentrum für ein Dutzend kleiner Zulieferbetriebe. Der erfolgreiche Geschäftsgang erlaubte es der Verdan & Cie., die Druckerei mit eigenen Spinnerei- und Webereimanufakturen in Biel, Delsberg und Mülhausen zu erweitern und 1809 zur maschinellen Produktion überzugehen.

Erst mit der Bundesverfassung von 1848 entstand in der Schweiz ein einheitlicher Wirtschaftsraum. Vorher wurden Handel und Verkehr durch viele Binnenzölle behindert. Hier ein Ausschnitt eines Zollformulars von 1847 mit Stempeln der Zollämter Büren, Nidau, St. Johannsen und Thielle.

Farbenprächtige Stoffmuster aus der Bieler Indiennedruckerei.

Der Aufschwung der Bieler Textilindustrie erlebte 1825 mit der Gründung einer mechanischen Baumwollspinnerei seinen Höhepunkt. Mit der Umstellung auf eine marktorientierte, zentralisierte Produktionsweise innerhalb einer Manufaktur wandte man sich allmählich von der dezentral organisierten frühindustriellen Heimarbeit ab. Während aber die Indiennedruckerei Verdan & Cie. auf die kapitalintensive Modernisierung ihres Betriebes verzichtete und 1842 ihre Tore schliessen musste, wurde die Baumwollspinnerei 1830 mit einer mechanischen Weberei erweitert, die dem Fabrikkomplex der Drahtzieherei in Biel-Bözingen angegliedert wurde. Diese war ihrerseits aus einer 1634 am Ausgang der Taubenlochschlucht entstandenen Drahtmühle hervorgegangen und 1818 mit einer Schrauben- und Nagelfabrik erweitert worden. Möglich wurde der Ausbau dank einer intensiveren Nutzung der Wasserkraft der Schüss. Sie war von entscheidender Bedeutung für die Ausbreitung der Industrie, da in der frühen Phase der Industrialisierung mechanische Energie nur auf einer «solaren» Basis erneuerbarer Energieträger wie Holz, Wasser und Wind gewonnen werden konnte. Daniel Weber (dw)

«Welt der Industrie» lesen Sie weiter auf Seite 20.

Weitere Texte finden Sie in der Datenbank «Regionales Gedächtnis»:
– Die Fabrikantenfamile Verdan
– Porträt von Bernhard Studer

1798–1849 Wirtschaft und Gesellschaft

Landwirtschaft
Der Bauer zwischen Grundherr und Revolution

Leuziger Zehntenplan von 1792. Bis zur Reformation im 16. Jahrhundert bestand der Zehnte als Abgabe an die Kirche. Später traten Staat, Spitäler und wohltätige Institutionen an die Stelle des Klerus.

Bis zum Ende des 18. Jahrhunderts stagnierte die Bevölkerungsentwicklung im Seeland; im 19. Jahrhundert verdreifachte sich hingegen die Zahl der hier lebenden Menschen dank dem Gewinn von Kulturland durch die Juragewässerkorrektion (siehe auch Seite 32ff.), dank der Agrarmodernisierung sowie als Folge der Industrialisierung.

Für die immer zahlreicher werdenden Menschen war der Boden die wichtigste Lebensgrundlage; er lieferte ihnen Nahrung für sich und ihre Tiere sowie Biomasse zur Wärmegewinnung. Für die Agrargesellschaft war er zudem das bedeutendste Produktionsmittel, dessen Verteilung auch ausschlaggebend für die politische Macht war. Zwar verfügten die meisten Menschen in der Agrargesellschaft über Zugang zu Boden, aber die wenigsten gehörten zur kleinen Schicht der Vollbauern. Diese besassen in der Regel mehr als fünf Hektaren Land und verkauften ihre Überschüsse auf dem Markt. Aber rund 60% der ländlichen Bevölkerung verfügten über weniger als zwei Hektaren Land und waren auf den Zukauf von Nahrungsmitteln angewiesen. Daneben gab es die so genannten Selbstversorger, deren Bodenbesitz gerade zur eigenen Versorgung mit Nahrungsmitteln ausreichte.

Die Landwirtschaft war eingespannt in die Dreizelgenwirtschaft, ein produktionstechnisches Regelsystem, welches das ganze Dorf umfasste. Es war teilweise verknüpft mit

Früher besass jedes Dorf, das über genügend Wasserkraft verfügte, eine eigene Öle. Hier wurden Raps, Flachs, Mohn, Nüsse und andere landwirtschaftliche Produkte zu Öl gepresst.

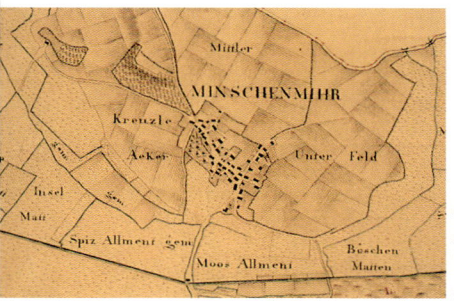

Plan von Müntschemier 1834. Die Allmenden dienten als Viehweide und wurden allgemein genutzt.

Dreizelgenwirtschaft

Dreizelgenwirtschaft hatte ursprünglich bedeutet, dass die ganze Ackerflur eines Dorfes – nicht aber Wiesen, Rebberge und Allmenden – in drei Zelgen eingeteilt war, in welchen alle Landbesitzer über Parzellen verfügten. Diese wurden im Dreijahreszyklus mit Wintergetreide (Dinkel) und Sommergetreide (Gerste und Hafer) bebaut beziehungsweise brach liegen gelassen. Auf Stoppelfeldern, Brache und im Wald weideten das Kleinvieh und das Grossvieh, das hauptsächlich als Zugkraft gehalten wurde. Dieses System der geschlossenen Zelgen ohne Wege hatte zur Folge, dass nicht nur das ganze Dorf dieselbe Fruchtfolge praktizierte, sondern dies auch in den gleichen, von Gemeindeversammlungen festgelegten Zeiten tat – es herrschte also Flurzwang, und die Arbeit war stark kollektiv geprägt.

Nicht parzelliert und durchwegs kollektiv genutzt wurden Allmende und Wald. Die Allmenden, als extensive Weiden genutzt, lagen oft auf mageren, steinigen oder versumpften Böden. Dort, wo solche naturräumlichen Bedingungen nicht vorhanden waren, fehlten sie ganz, wie beispielsweise auf dem Frienisberger Plateau und in der Lyssbachtalung. Hier «weidet das Vieh im hochobrigkeitlichen Wald», meldete der Pfarrer von Grossaffoltern nach Bern.

der gesellschaftlichen Ordnung, welche die Landbevölkerung zu Abgaben an die Grundherren verpflichtete. Mit der Helvetischen Revolution von 1798 wurden die Abgabepflichtigen zwar zu selbstständigen Eigentümern, aber die praktische Umsetzung dieser revolutionären Veränderung zog sich über mehrere Jahrzehnte hin und war von einer langsamen Auflösung der Dreizelgenwirtschaft begleitet.   Peter Moser (pm)

«Landwirtschaft» lesen Sie weiter auf Seite 30.

1798–1849 Kultur

Baugeschichte der Stadt Biel
Stagnation, Umschichtung und Neubeginn

Das Wohnhaus der Fabrikantenfamilie Verdan. Heute beherbergt dieses Gebäude das Museum Neuhaus.

Am 9. Februar 1798 feierten die Bieler ihren Anschluss an die Französische Republik. Es folgte einerseits eine Zeit der relativen Stagnation, anderseits eine Zeit der politischen Gärung, die für die zukünftige Entwicklung entscheidend werden sollte. Über die Jahre der französischen Herrschaft schrieb Eduard Blösch: «Kaum war während der 15 Jahre ein Haus gebaut, kaum eines repariert worden.» Und doch geschah sehr Wichtiges in dieser Zeit: Unter den neuen französischen Herren wurden die Nationalgüter versteigert, was zu einer massiven Umstrukturierung im Liegenschaftsbesitz führte. Der alte David Schwab aus Lissabon, der Indiennefabrikant François Verdan und andere kamen zu grossem Wohlstand. Diese neuen Eigentümer investierten in ihren Besitz und

Der in den 1820er-Jahren angelegte Schüsskanal auf einer Postkarte um 1908.

prägten damit das Bieler Stadtbild nachhaltig. Ihre Spuren sehen wir heute im ehemaligen Bellelay-Haus, heute «Saint-Gervais», und im Museum Neuhaus, Nr. 26 der Schüsspromenade, dem einstigen Fabrikantenwohnhaus François Verdans. Dessen Schwiegersöhne Neuhaus und Huber liessen 1825 in der Gurzelen von Tiroler Arbeitern eine mechanische Baumwollspinnerei bauen, die einige Jahrzehnte später die erste grosse Uhrenfabrik Biels beherbergen sollte (siehe auch Seite 6f.).

Das wichtigste Ereignis der ersten Jahrhunderthälfte war die Anlage des Schüsskanals in den Jahren 1825 bis 1827. Diese geschah nicht zufällig nach der scheusslichen Überschwemmung der Ebene und des unteren Stadtteils im Sommer des Unwetter- und Misserntejahrs 1816 und der darauf folgenden Hungersnot im Winter. Nun sollte die Ebene vor den seit dem Mittelalter immer häufiger gewordenen Überschwemmungen geschützt werden. Durch den Schüsskanal war eine der Hauptachsen der künftigen Stadtentwicklung vorgegeben.

1835 bis 1838 wurde die Strasse nach Twann und Neuenburg parallel zur Seevorstadtpromenade gebaut. Als sichtbarstes heutiges Zeichen der Epoche entstand das Haus Mühlebrücke 5, gebaut im Jahre 1818 für den Indiennefabrikanten Jean-Jacques Huber-Verdan. Es ist heute Sitz des Stadtpräsidenten. Jaroslaw Trachsel (jt)

«Baugeschichte der Stadt Biel» lesen Sie weiter auf Seite 36.

Biel im frühen 19. Jahrhundert von Westen aus gesehen.

Mühlebrücke 5.

1798–1849 Kultur

Welt des Sports
Sportlich noch ein weisser Fleck auf der Landkarte

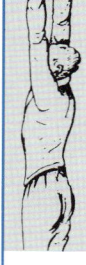

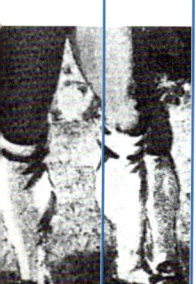

Die französische Schriftstellerin Madame Germaine de Staël - eine erbitterte Gegnerin Napoleons – ehrt den Sieger des zweiten Unspunnenfestes von 1808. Das 1805 erstmals durchgeführte nationale Fest hatte zum Ziel, helvetische Freundschaftsbande – insbesondere zwischen dem Landvolk und den Bewohnern der Städte – zu knüpfen.

Wie überall gehen die (allerdings noch ziemlich bescheidenen) Anfänge der Sportbewegung auch in unserem Land auf die erste Hälfte des vorigen Jahrhunderts zurück. Diese von England auf den Kontinent übergreifende neue Form von gesundheitsfördernder und lustbetonter körperlicher Anstrengung erreichte vor allem von Deutschland her (Turnvater Jahn war einer der dortigen Wegbereiter) auch die Schweiz.

Selbst Heinrich Pestalozzi setzte sich für eine Förderung der «Leibesübungen» ein, wie man den Sport im deutschsprachigen Europa nannte. Bezüglich Biel und Seeland fehlen detaillierte Angaben über allfällige Beteiligungen an organisierten Wettkämpfen. Es besteht aber Grund zur Annahme, dass auch in unserer Region eine Art sportliche Betätigung einsetzte. Von den Gründungen eidgenössischer Verbände ergaben sich Ausstrahlungen in die diversen Regionen des Landes. So war beispielsweise die Gründung des Eidgenössischen Turnvereins (1832) für die Förderung der Volksgesundheit ebenso bedeutsam wie diejenige des Eidgenössischen Schützenvereins (1824) in patriotischer Hinsicht.

Schliesslich sei auch auf die gerade im Kanton Bern damals aufkommenden Schwingfeste hingewiesen. Und was das Hornussen betrifft (damals Hurnussen genannt), so hat Jeremias Gotthelf in seinem 1841 erschienenen Roman «Uli der Knecht» fast so etwas wie einen Wettkampfbericht vom Aufeinandertreffen der «Erdöpfelkofer» und der «Brönzwylerer» verfasst.
Kurt Trefzer (kt)

«Welt des Sports» lesen Sie weiter auf Seite 38.

Das Schwingen oder der Ringkampf der Schweizer Hirten schaut auf eine lange Tradition zurück und hat sich bis heute erhalten.

1798–1849 Alltag

Alltagswelten
Zwischen Revolution und Biedermeier

Der «Schutenhut» zum Biedermeierkleid.

Mit den Begriffen Revolution, Empire, Restauration und Biedermeier lässt sich der politisch äusserst bewegte Zeitabschnitt 1798–1849 charakterisieren.

Die Französische Revolution 1789 leitete auch in der Geschichte der Mode ein neues Kapitel ein; die Nationalversammlung verkündete feierlich die Abschaffung aller Standestrachten. Mit Rückgriffen auf antike Vorbilder gestalteten Künstler die neue Mode, die unter anderem den Frauen die hohe Taille, direkt unter der Brust, und den Herren die Hose, «le pantalon», bescherte (von der Commedia-dell'Arte-Figur «Pantalone» abgeleitet). Wohn- und Haushaltsformen änderten sich in dieser bewegten Zeit kaum, auch der

Vorstadtvillen

Die Burgerfamilien des Ancien Régime bauten Landgüter rund um Biel, die gleichzeitig bäuerliche Betriebe zur Selbstversorgung waren, wie das Rockhall, das Beaumont, das Obere und Untere Ried oder das Madretschried. Die neuen Bieler Bürgerfamilien, Unternehmer der Textilindustrie und des Drahtzuges, später auch der Uhrenindustrie, liessen sich dagegen Vorstadtvillen in hübschen Parkanlagen, aber ohne Ökonomiebetrieb errichten, zum Beispiel das Blöschhaus (ursprünglich Villa Huber), die Villen Favorita und Choisy an der Juravorstadt und die dem Wachstum der Stadt zum Opfer gefallenen Villen Schwab (Mühlebrücke), Kuhn-de Meuron (Nidaugasse), La Terrasse, La Champagne (zwischen Wasen- und Falkenstrasse), La Villette (Rüschlistrasse).

Möbelstil des Empire (Reich Napoleons) blieb auf die obersten Schichten beschränkt. Eine ganz andere Bedeutung erhielten das Wohnen und Haushalten erst zur Zeit der Restauration, der Wiederherstellung der alten politischen Ordnung 1815–1830, und des Biedermeiers, Stilbezeichnung für die Epoche zwischen 1815 und 1848, in der das Bürgertum zur wirtschaftlich und kulturell führenden Schicht aufstieg.
Bis ins 18. Jahrhundert war die Familie eine Produktions- und Konsumgemeinschaft mit Mägden, Gesellen, Waisenkindern und anderen Personen, in der jedes Mitglied seine Stellung und seine Aufgaben hatte. Mit zunehmender Industrialisierung löste sich diese Sozialform, das «ganze Haus» genannt, allmählich auf. Im Bürgertum wurde der Mann zum alleinigen Ernährer der Familie, während die Frau für die private Sphäre von Haushalt und Wohnung verantwortlich war. Damit wurden die Rollen der Ehepartner für die Zukunft klar definiert.
Bedeuteten früher Haus oder Wohnung den einfachen Leuten vor allem ein «Dach über dem Kopf» und den Reichen Räume für die Repräsentation, so wurde die bürgerliche Wohnung – getrennt von der Arbeitswelt – nun ein gegen aussen geschützter intimer und gemütvoller Bereich; die ausserhäusliche Arbeitswelt des Mannes dagegen wurde als hart und bedrohlich empfunden.
So sorgte die Frau liebevoll für ein wohnliches Heim und ein gutes und gesundes Essen; es begann die grosse Zeit der Kochbücher, geschrieben von fleissigen Hausmütterchen für sparsame, auf das Wohl der Familie bedachte Wirtschafterinnen.

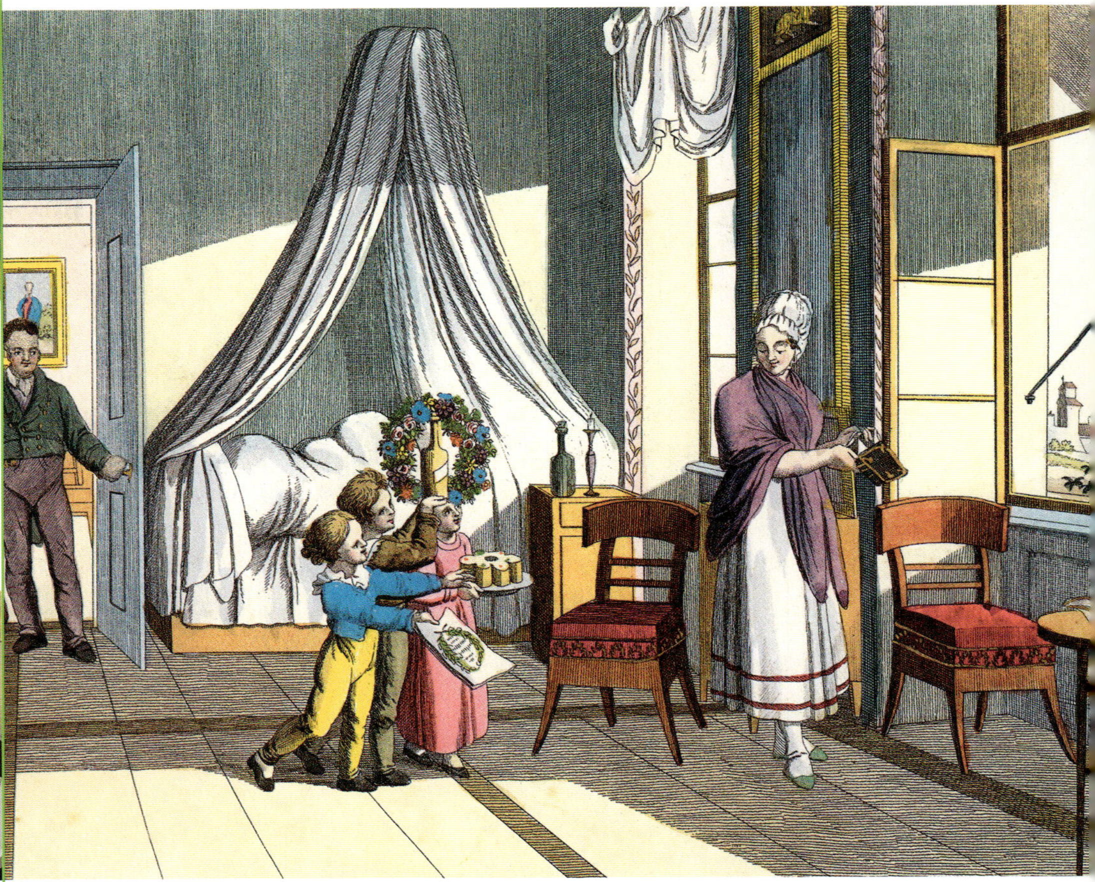

1798–1849 Alltag

Mutters Wohn-Schlaf-Zimmer in den 1830er-Jahren.

Während die Kleidung des Hausherrn einfach war, bestehend aus Hose, Gilet, Gehrock und Halsbinde, um ihn nicht bei der Arbeit zu hindern, wurde die Kleidung der Gattin ab den 1830er-Jahren wieder aufwändiger. Der Vorsteherin des Haushaltes kam es eben auch zu, den mit Fleiss und Anstrengung erworbenen Reichtum des Gatten diskret zur Schau zu stellen.

In Biel etablierte sich, begünstigt von der Frühindustrialisierung und der französischen Besetzung (1798–1814), eine neue Bürgerschicht, mit den Unternehmerfamilien Verdan, Neuhaus, Huber, Schwab, Blösch und anderen. Ihre neue Häuslichkeit fanden sie in Vorstadtvillen, möbliert mit dem einfachen, aber handwerklich schönen und soliden Biedermeiermobiliar, beleuchtet von den neuen Argand-Öllampen mit dem Runddocht, die ein helleres Licht gaben. Die Repräsentationsräume, wie der Salon, waren vom intimen Wohnbereich getrennt, in dem jedes erwachsene Familienmitglied sein Zimmer beanspruchte, das ihm zum Wohnen und Schlafen diente. Ingrid Ehrensperger (ie)

«Alltagswelten» lesen Sie weiter auf Seite 40.

Das Porträt des Jean Rodolphe Neuhaus (1767–1846) zeigt die damalige Herrenmode mit Hose, Gilet, Gehrock und Halsbinde.

Porträt der Elisa Blösch-Pugnet (1810–1882) um 1835. Biedermeierrobe mit enger Taille, weitem Rock und «Schinkenärmeln».

Politische Flüchtlinge

In den 1830er- und 1840er-Jahren stellte das damals nur 3000 Einwohner zählende Biel ein bedeutendes Zentrum politischer Flüchtlinge dar. Insbesondere deutsche Emigranten bekämpften von hier aus das Gottesgnadentum der herrschenden deutschen Fürsten.

Weitere Texte finden Sie in der Datenbank «Regionales Gedächtnis»:
– Porträt von Charles Neuhaus

1798–1849 Politik und Presse

Verlag und Druckerei Gassmann
Presse und Verlagswesen in Biel bis 1850

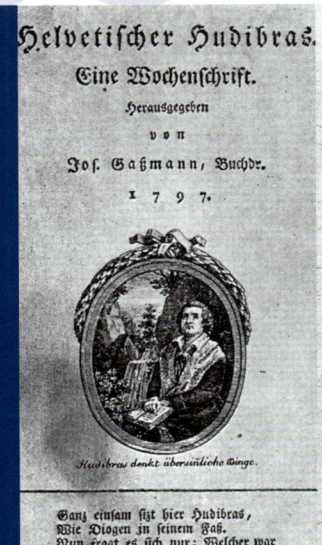 

Franz Joseph Gassmann I. (1755–1802) übernahm 1781 die Hochobrigkeitliche Buchdruckerei in Solothurn.

In Biel konnte die Buchdruckerkunst erst relativ spät Fuss fassen. Die Ursache für die verspätete Ansiedlung des Druckereigewerbes liegt in der Grenzlage der Stadt. Einerseits war Biel seit 1297 mit Bern verbündet und galt seit den Burgunderkriegen als ein der Eidgenossenschaft zugewandter Ort. Andererseits gehörte die Stadt bis 1797 zum Fürstbistum Basel. Diese Doppelstellung beraubte Biel über Generationen hinweg der politischen und wirtschaftlichen Entwicklungsmöglichkeiten. Später als in anderen vergleichbaren Städten entstand darum in Biel erst 1734 eine erste Buchdruckerei. Auch einige Zeitungen wurden damals lanciert, sie hatten aber jeweils nur eine kurze Lebensdauer. 1815 wurde Biel am Wiener Kongress dem Kanton Bern zugeschlagen. Hier herrschte jedoch seit 1803 wieder die Pressezensur. Erst mit der bernischen Verfassung von 1831 begann sich in Biel die Presselandschaft zu regen.

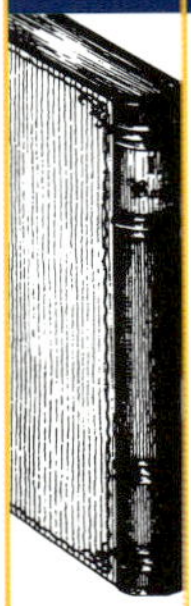

Nachdem die dem Gedankengut des italienischen Republikaners und Revolutionärs Giuseppe Mazzini verpflichtete «Junge Schweiz» Mitte der 1830er-Jahre nur gerade ein Jahr erschienen war, rief der spätere Regierungsrat Johann Schneider 1837 den «Seeländer Anzeiger» ins Leben. Diese Zeitung stellte ihr Erscheinen jedoch schon 1841 wieder ein. Ab 1844 wurde dann mit der «Jura-Zeitung» (später «Neue Jura-Zeitung») eine weitere radikale Zeitung herausgegeben. In Biel bestand gleichzeitig eine starke liberalkonservative Gruppierung. Auf die anstehenden Grossratswahlen von 1850 hin wollten die liberalkonservativen Kreise auf keinen Fall auf ein eigenes Sprachrohr verzichten und machten sich 1849 auf die Suche nach einem Herausgeber. Diesen fanden sie in Franz Joseph Amatus Gassmann.

Die Liberalkonservativen

In den 1830er- und 1840er-Jahren war die Schweiz politisch tief gespalten. Die Radikalen traten für Freiheit, Demokratie und eine geeinte Nation ein, die gemässigteren Liberalen waren an einem nationalen Wirtschaftsraum interessiert, und die Konservativen verteidigten ihre alten, aristokratischen Vorrechte, die Souveränität der Kantone und die Autorität der Kirche. In Freischarenzügen und 1847 im Sonderbundskrieg nahmen die Auseinandersetzungen gewaltsame Formen an. Nach der Niederwerfung der katholisch-konservativen Sonderbundkantone wurde 1848 mit der Bundesverfassung der ehemals lose Staatenbund in einen modernen Bundesstaat umgewandelt. Im Kanton Bern war bereits seit 1831 eine demokratische Verfassung in Kraft. 1846 hatten die Radikalen die Grossratswahlen überlegen gewonnen. Waren in den 1840er-Jahren das Seeland und der südliche Jura fest in den Händen der Radikalen, wurde für die Wahlen von 1850 in den anderen Kantonsteilen – so auch in Biel – heftig um die Gunst der Wähler gekämpft. Der Bieler Eduard Blösch schrieb für die Konservativen des Kantons ein Parteiprogramm. Dieses liberal gehaltene, konservative Parteiprogramm setzte sich für die Bundesverfassung von 1848 ein und galt im wirtschaftlichen und sozialen Bereich als fortschrittlich. Trotzdem wurden die Liberalkonservativen um Eduard Blösch von den Radikalen weiterhin als Reaktionäre und Freunde des Ancien Régime verschrien.

Die Drucker aus der Ambassadorenstadt

Die aus Eich LU stammende, seit etwa 1615 in Solothurn ansässige Familie Gassmann konnte 1850 bereits auf eine lange Buchdruckertradition zurückblicken. Schon 1781 hatte Franz Joseph I. als allererster Buchdrucker der Familie Gassmann die Hochobrigkeitliche Buchdruckerei Solothurn in Lehen übernommen und hier u.a. die erste solothurnische Zeitung, das «Solothurner Wochenblatt», herausgegeben. Als Mitbegründer der «Helvetischen Gesellschaft» und 1797 als Herausgeber der Satireschrift «Helvetischer Hudibras» hatte er sich weit über die Kantonsgrenze hinaus einen Namen geschaffen. Ab 1835 führte Franz Josephs Enkel, Franz Joseph Amatus, das Geschäft in Solothurn. Sein Vater, Franz Joseph II., baute seinerseits die Verlagsbuchhandlung Jent und Gassmann auf und gab hier u.a. einige Werke von Jeremias Gotthelf heraus. Nebst dem liberalen, zweimal wöchentlich erscheinenden «Solothurner Blatt» – das bis 1861 in seinen Händen blieb – veröffentlichte Franz Joseph Amatus auch zeitkritische Blätter wie den so genannten «Distelikalender» des Oltener Karikaturisten Martin Disteli. Mitte der 1840er-Jahre druckte der Verlag 30 000 Kalenderexemplare – eine für die damalige Zeit unglaublich hohe Auflage. Auch das in der ganzen Schweiz bekannte Humorblatt «Postheiri» (eine Art früher «Nebelspalter») wurde ab 1846 bei Gassmann gedruckt. Die Drucker- und Verlegerfamilie Gassmann stand bereits früh in Kontakt mit Biel. So liess beispielsweise 1832 die Burgergemeinde Biel einen Verfassungsentwurf bei Gassmann in Solothurn drucken.
Matthias Nast (mn)

«Verlag und Druckerei Gassmann» lesen Sie weiter auf Seite 46.

1850–1880 Wirtschaft und Gesellschaft

Welt der Industrie
Uhren und Eisenbahnen als Schrittmacher des industriellen Aufschwungs

Der Drahtzug Bözingen, gezeichnet von J. Nieriker 1859.

Nach der Gründung des Bundesstaates 1848 setzte sich das, seit der Jahrhundertwende anhaltende, wirtschaftliche Wachstum im südlichen Jura ungebremst fort. Das Gebiet von Sankt-Immer, über Sonceboz bis nach Moutier, entwickelte sich dank der monopolartig dominierenden Uhrenindustrie, die sich als Leitsektor der Industrialisierung etablierte, zur industriell führenden Region im Kanton Bern. Seinen Ausdruck fand der steile Aufstieg der Uhrenproduktion einerseits in einer ersten Welle von Fabrikgründungen (1845 Sonceboz, 1851 Moutier, 1853 Reconvilier, 1859 Cortébert), andererseits in einer sprunghaften Zunahme der Beschäftigungszahlen. Dem «vallon de Saint-Imier» bescherte der industrielle Aufschwung einen derartigen Bevölkerungszuwachs, dass der Hauptort Sankt-Immer, wo 1867 die erste mechanische Uhrenfabrik namens «Longines» gegründet wurde, in wenigen Jahrzehnten zu einer städtischen Siedlung heranwuchs.

Dank der Initiative Ernst Schülers – der deutsche Emigrant hatte 1842 das erste Uhrenatelier Biels gegründet – beschloss die Bieler Gemeindeversammlung am 29. Dezember 1845 steuerliche Erleichterungen für zuwandernde Uhrmacher. Diese Regelung galt bis zum 1. Januar 1849 (siehe auch Seiten 22 und 36).
Bis 1859 liessen sich mehr als 1700, meist französischsprachige Uhrmacher in Biel nieder; das Städtchen verdoppelte seine Einwohnerzahl auf 6000 und wurde zur zweisprachigen Stadt.
Die Bieler Ateliers waren auf die Endfertigung der Uhren spezialisiert. Den Herstellungsauftrag erhielten sie von einem Verleger, der den gesamten Produktionsprozess – insbeson-

Trotz Fabriken war die menschliche Arbeitskraft im letzten Jahrhundert noch weitgehend unersetzlich. Handwerker in der Twanner Dorfgasse um 1880.

dere die heimindustrielle Fertigung der Einzelteile – koordinierte, und das Endprodukt auf den Markt brachte.

Der Bau diverser Kantonsstrassen hatte die Transportwege bereits immens verbessert. Die Bedeutung der Strassenbauten von Biel nach Neuenburg 1835–1838 (vorher nur Wasserweg), von Biel nach Bern 1857 und 1864 (vorher über den Frienisberg) und von Biel nach Reuchenette 1858 (vorher über Bözingen), wird oft unterschätzt.

Weiter beschleunigt wurde das industrielle Wachstum Biels dadurch, dass die Stadt mit der Linie Biel–Herzogenbuchsee bereits 1857 einen Anschluss an das neu entstehende Eisenbahnnetz erhielt. 1860 und 1864 folgten die Verbindungen nach Neuenstadt und in die Hauptstadt Bern (siehe auch Seite 24ff.). Der Bau der Eisenbahnen schuf die Voraussetzung für die Entstehung grossräumiger, arbeitsteiliger Wirtschaftsräume und markierte den Beginn einer neuen Phase im Industrialisierungsprozess, der durch die Nutzung fossiler Energieträger, hauptsächlich Steinkohle, geprägt war. Die mechanische Baumwollspinnerei in Biel verzichtete allerdings, trotz dieser neuen Möglichkeiten zur Energiegewinnung, auf die notwendige Modernisierung ihres Betriebes. Die vorwiegend auf Wasserkraft der Schüss basierende Energieversorgung schwankte trotz dem zusätzlichen Einsatz einer Dampfmaschine mit 50 bis 60 PS zu stark, als dass sich damit die hohen Investitionen wirtschaftlich hätten rechtfertigen lassen. 1879 wurde die Spinnerei stillgelegt, womit die einstmals dominierende Textilindustrie aus dem Bieler Stadtbild verschwand. (dw)

«Welt der Industrie» lesen Sie weiter auf Seite 50.

Schwere Fuhre in Twann an der Ecke Burgweg/Bärenländte um 1880.

Reuchenette: Die Sägerei in der Klus von Péry um 1880.

Das 1877 von den stimmberechtigten Schweizer Männern knapp angenommene Fabrikgesetz verankerte erstmals die Grundrechte der Arbeiter. Unter anderem galt nun ein Verbot der bisher verbreiteten und menschenunwürdigen Kinderarbeit.

1850–1880 Wirtschaft und Gesellschaft

Aufstrebende Uhrenindustrie

Heimarbeit einer Uhrmacherfamilie.

Aus der «Sammlung» des deutschen Emigranten Ernst Schüler, der in Biel nicht nur als Uhrmacher, sondern auch als Lehrer, Politiker, Redaktor und Zeitungsverleger in Erscheinung trat.

Seit dem 16. Jahrhundert hatte sich die Uhrmacherei in der Schweiz von Genf ausgehend, dem Jura entlang, Richtung Nordosten ausgebreitet. Nach der Gründung des Bundesstaates 1848 entwickelten sich das Gebiet um Biel und der südliche Jura zu einer dominierenden Region der schweizerischen Uhrenindustrie. Neben der Tatsache, dass die Uhrenherstellung wenige Transportkosten verursachte und mit Hilfe hydraulischer Energie zu bewerkstelligen war, trugen in Biel die gewährten Steuererleichterungen für zuziehende Uhrmacher viel zum Aufschwung bei (siehe auch Seiten 20 und 36).

Ein zweiter Kristallisationskern der aufstrebenden Uhrenindustrie war das jurassische «vallon de Saint-Imier», wo die Zahl der Uhrenbetriebe in der zweiten Hälfte des 19. Jahrhunderts auf annähernd 200 anstieg. Den Grundstein für diesen Aufschwung hatten neuenburgische Uhrmacher gelegt, die 1831 nach der fehlgeschlagenen liberalen Revolution in den südlichen Jura flüchteten und dort das neue Fertigungsverfahren der

Anteil der Sprachgruppen an der Bevölkerung der Gemeinde Biel in Prozenten:

Jahr	Deutsch	Französisch	Italienisch	andere
1860	84	16	-	-
1880	80	19	1	-
1900	69	29	2	-
1920	67	30	3	-
1941	66	32	2	-
1950	67	30	3	-
1960	63	28	8	1
1970	56	27	13	4
1980	55	29	11	5
1990	53	31	8	8

In der zweiten Hälfte des 19. Jahrhunderts liessen sich viele französischsprachige Uhrmacherfamilien in Biel nieder. Biel wurde zur Zweisprachenstadt Biel-Bienne. In den Manufakturen fanden viele Frauen eine Arbeit. Die Uhrenarbeiterinnen wurden in der Regel von männlichen Arbeitern beaufsichtigt. Hundert Jahre später führte der Bauboom zur Einwanderung italienischer Gastarbeiter.

«Etablissage» installierten. In dessen Rahmen wurden die Einzelteile des Uhrwerks in Heimarbeit arbeitsteilig hergestellt und anschliessend in so genannten «Ateliers d'établissage» zusammengesetzt. Dies bedingte eine Koordination der Produktionsprozesse, die von einem Verleger übernommen wurde. Die «Etablissage» erlaubte der Uhrenindustrie von der Jahrhundertmitte bis 1875 einen rapiden Aufschwung mit jährlichen Wachstumsraten von 6 bis 7%.

Der Erfolg der maschinell produzierten Uhren aus den USA, und die weltweite Wirtschaftskrise 1875, liessen die Nachfrage nach Schweizer Uhren allerdings kurzfristig zusammenbrechen. Die handwerklich orientierte Produktionsweise im traditionellen Verlagssystem stiess an ihre Grenzen, und es begann eine Umstrukturierung hin zur integralen Fabrikproduktion. In einigen neuen Uhrenfabriken, die im letzten Viertel des 19. Jahrhunderts in Biel und im südlichen Jura entstanden, war der Produktionsprozess von der Fabrikation der Uhrenbestandteile bis zum Zusammenbau der Uhrwerke unter einem Dach konzentriert; mit dem grösstmöglichen Einsatz von Maschinen wurden dabei grosse Serien gleicher Uhrentypen hergestellt. In der «Assemblage» allerdings, blieb die qualifizierte Handarbeit unentbehrlich. Der Wandel der Ateliers zu Fabriken vollzog sich auch in gewissen Bereichen der Einzelteilherstellung, wobei Werke, Gläser und Zeiger vorwiegend industriell produziert, Steine, Federn und Zifferblätter dagegen weiterhin in Heimarbeit angefertigt wurden (siehe auch Seite 146f.). (dw)

Weitere Texte finden Sie in der Datenbank «Regionales Gedächtnis»:
- Die Gründung der Omega
- Die Uhrenindustrie fasst in Büren Fuss
- Aus dem Leben einer Uhrmacherin

1850–1880 Wirtschaft und Gesellschaft

Aus der Bieler Bahngeschichte

Der im Vordergrund sichtbare alte Bieler Bahnhof von 1864 wurde 1923 durch den neuen Bahnhof ersetzt.

Die Stadt Biel taucht im Zusammenhang mit Eisenbahnen schon im Jahre 1833 auf. Ingenieur J. A. Watt sah zu dieser Zeit eine Kantonstransversale Delsberg-Biel-Lyss-Bern-Thun-Gemmi-Simplon nach Domodossola vor. 1844 vertrat dann Regierungsrat Blösch eine Eisenbahnverbindung von Olten nach Brügg; ab Brügg sollte der Dampfschiffbetrieb beginnen. Zu gleicher Zeit plante der Basler Ingenieur Merian eine Eisenbahnlinie von Olten bis Solothurn. In Solothurn gedachte man die Eisenbahnwagen auf Trajektschiffe zu verladen und auf Aare, Bieler- und Neuenburgersee nach Yverdon zu transportieren. Johann Rudolf Schneider und Merian waren zudem der Meinung, dass der Bahnbau zusammen mit der Juragewässerkorrektion (siehe auch Seite 32ff.) zu verwirklichen sei.
1845 entschloss sich die Schweizerische Centralbahn (SCB) auf Drängen der Berner Regierung, den Bahnbau über Solothurn hinaus «grossartiger aufzufassen» und bis Biel zu erweitern.

Neue Impulse erhielt das Eisenbahnwesen durch eine 1849 im Nationalrat eingebrachte Motion zugunsten eines schweizerischen Eisenbahnnetzes. Im Juli 1852 erliess der Bundesrat das erste Bundesgesetz über Bau und Betrieb von Eisenbahnen im Gebiete der Eidgenossenschaft, wobei die Kantone das Recht der Konzessionserteilung erhielten.
1852 erhielt die SCB von der Berner Regierung die Konzession für den Bau der Linien Olten-Herzogenbuchsee-Bern, Herzogenbuchsee-Solothurn-Biel, Bern-Thun und Bern Richtung Freiburg. La Nicca, Projektverfasser einer Lukmanierbahn und der ersten Juragewässerkorrektion, und der Bürener Alexander Kocher, zu dieser Zeit bernischer Kantonsober-

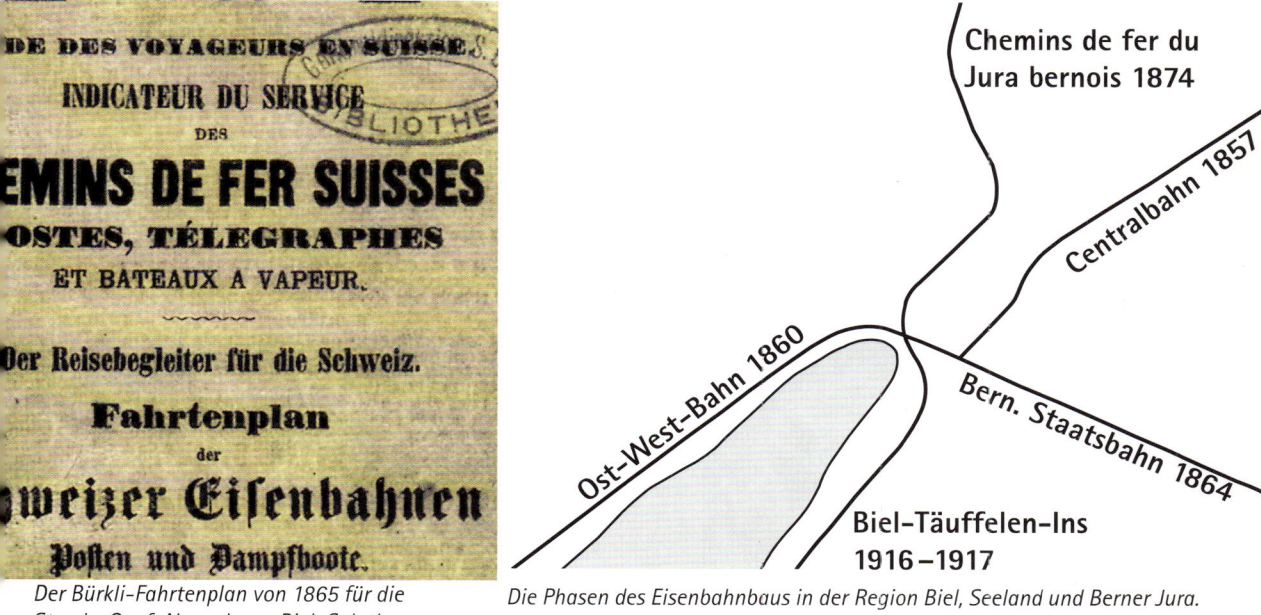

Der Bürkli-Fahrtenplan von 1865 für die Strecke Genf–Neuenburg–Biel–Solothurn–Herzogenbuchsee.

Die Phasen des Eisenbahnbaus in der Region Biel, Seeland und Berner Jura.

ingenieur, erhielten den Auftrag, in Schottland die bestehenden «schwimmenden Eisenbahnen» zu studieren. In ihrem Expertenbericht empfahlen sie aufgrund ihres Besuchs den Bau einer schwimmenden Eisenbahn anstelle einer Landeisenbahn auf der Strecke Biel–Neuenstadt–Yverdon, dies hauptsächlich aus Kostengründen.

Im benachbarten Neuenburg hingegen, erteilte man zu dieser Zeit die Konzession für den Bau einer Bahnlinie Yverdon–Vaumarcus; 1859 wurde sie eröffnet. Gleichentags wurde auch die Linie Vaumarcus–Neuenburg–Neuenstadt in Betrieb genommen. Bern erteilte seinerseits 1858 der bald darauf allerdings konkursiten Schweizerischen Ost-West-Bahn-Gesellschaft (OWB) die Baubewilligung für eine Bahnverbindung Neuenstadt–Biel–Lyss–Bern–Langnau–Luzern–Zug–Zürich.

Als einziger Schweizer Kanton war Bern Eigentümer einer staatlichen Eisenbahngesellschaft. Aus dem vorgesehenen Streckennetz der untergegangenen OWB hatte sich nämlich der Kanton 1861 die Strecken Neuenstadt–Biel–Bern–(Zollikofen–)Bern–(Gümligen–)Langnau gesichert, wobei der Betrieb der Strecke Biel–Neuenstadt der Centralbahn verpachtet wurde. Nach langem, lokalpolitisch gefärbtem Seilziehen, wurde 1864 endlich die Strecke Bern–Biel eröffnet. Dank ihr verkürzte sich die Reisezeit zwischen den beiden Städten gewaltig, denn die vorher übliche Fahrt über Solothurn–Herzogenbuchsee nach Bern erübrigte sich nun (siehe auch Seite 52 f.).

Paul Gribi (pg)

Weitere Texte finden Sie in der Datenbank «Regionales Gedächtnis»:
– Kleinere Eisenbahnprojekte im Seeland
– Nie ausgeführte seeländische Bahnprojekte
– Eisenbahnen um 1860
– Bahnprojekte um 1900
– Drahtseilbahn nach Leubringen

1850–1880 Wirtschaft und Gesellschaft

Von den Jurabahnen

Einfahrt des ersten Zuges in Sankt-Immer im April 1874.

Dass der Jura durch Eisenbahnen erschlossen werden musste, darüber war sich im Kanton Bern die Mehrheit der Politiker Ende der Fünfziger- und anfangs der Sechzigerjahre des 19. Jahrhunderts einig. Man erhoffte sich dadurch, nebst besseren Verkehrsverbindungen und wirtschaftlichem Aufschwung, auch eine engere Bindung des «neuen Kantonsteils» an den Kanton Bern. Die Bemühungen zum Bau von Eisenbahnen im Jura datieren bis ins Jahr 1842 zurück, als sich in La Chaux-de-Fonds ein Eisenbahnkomitee das Ziel setzte, den Jura zu erschliessen – zu früh, wie sich bald zeigen sollte.

Erst der spätere bernische Regierungsrat, Xavier Stockmar, brachte nämlich Bewegung in die jurassischen Eisenbahnangelegenheiten. Besonders im Sankt-Immer-Tal wurden zu diesem Zweck grosse Anstrengungen unternommen. Drei bekannte Eisenbahningenieure errechneten damals einen Finanzbedarf von über 40 Millionen Franken für den Bahnbau im Jura. Selbst Stockmar sah keine Möglichkeit, ein solches Projekt zu verwirklichen, und schlug deshalb den Bau schmalspuriger Regionalbahnen vor, die damals vom Volk spöttisch

«Schubkarrenbahnen» genannt wurden. Erst einige Jahre später nahm sich Regierungsrat Jolissaint, ein Jurassier wie Stockmar, mit voller Kraft dieses Projektes an.

Einigen konnte man sich über das Vorgehen beim Bau lange Zeit nicht. Das so genannte «Tronçonsystem» fand Befürworter; es sah vor, einzelne Teilstücke des Bahnnetzes zu bauen. Andere wollten vorrangig die «Stammlinie» Biel–Sonceboz–Delsberg bauen, und eine dritte Gruppe sprach sich für den gleichzeitigen Bau des ganzen Netzes aus. Den Durchbruch schaffte Jakob Stämpfli am 19. April 1866 mit seiner Rede vor dem Grossen Rat als Berichterstatter der Kommission zur Prüfung der Jurabahnfrage. Er sprach sich für den Bau des ganzen Netzes aus. Entscheidend sei die Strecke Biel–Sonceboz–Delsberg, an die sich die einzelnen Zweiglinien anzuschliessen hätten. Ein Bauentscheid konnte allerdings noch nicht getroffen werden, da der Grosse Rat kurz vor dem Ablauf seiner Amtsdauer stand und die Auffassung vertrat, der neu zu wählende Rat solle einen Beschluss von solcher Wichtigkeit fassen können.

In der am 28. Januar 1867 beginnenden Session stellte Gonzenbach als Kommissionsreferent fest, dass es nur drei Möglichkeiten gebe, das Problem der Jurabahnen zu lösen: freiwillige politische Trennung der beiden Kantonsteile, oder fortdauernde und immer tiefer greifende Missstimmung, die jedem Fortschritt im Staatsleben hemmend entgegentrete, oder aber Beruhigung der Bevölkerung des Juras durch Übernahme eines grossen finanziellen Opfers für die Erstellung seiner Schienenwege. In der Abstimmung vom 2. Februar 1867 sicherte der Kanton für das ganze Netz 6 950 000 Franken Subventionen zu. Im Übrigen sollte die Bahn durch eine private Gesellschaft gebaut werden, an der sich die Gemeinden und Städte, die durch die neue Bahn bedient wurden, finanziell beteiligen sollten.

Erinnerungsblatt von 1874 an die Eröffnung der neuen Eisenbahnlinie im Berner Jura.

1850–1880 Wirtschaft und Gesellschaft

Bau der Eisenbahnlinie Biel–Les Convers. Hier die Arbeiten bei Sankt-Immer.

Damit befand sich Biel in der komfortablen Lage, in absehbarer Zeit von einer dritten Eisenbahngesellschaft bedient zu werden und sich mit Eisenbahnverbindungen nach allen vier Himmelsrichtungen wie im Mittelpunkt einer Kompassrose zu befinden. Dass nicht alle Bieler erfreut waren, sich an dieser neuen Eisenbahngesellschaft finanziell zu beteiligen, hielt G. Blösch 1868 in seiner Broschüre «Die Jurabahnen und ihre Zukunft mit Berücksichtigung der Verhältnisse der Stadt Biel» fest. Er befürchtete nicht nur den finanziellen Untergang der Stadt sowie aller Orte, die sich finanziell beteiligen sollten, allgemein höhere Steuern und einen schlechten Einfluss auf die Bevölkerung, sondern sah auch ein finanzielles Desaster für die Jurabahnen voraus.

Genau das Gegenteil erwartete Fürsprecher Marti in seiner ebenfalls 1868 veröffentlichten Replik «Die Jurabahnfrage und ihre Bedeutung für Biel»: Wohlstand für die Stadt und deren Einwohner, einen grösseren, besser besuchten Markt, industriellen Aufschwung, Ansiedlung von mehr und neuer Industrie und dadurch bessere Arbeitsplätze.

Im März 1870 wurde einem Initiativkomitee die Konzession für den Bau der neuen Linien erteilt – für die zwei erwähnten sowie für die Zweiglinien Sonceboz-Convers und Pruntrut-Delle. Wegen des Ausbruchs des Deutsch-Französischen Krieges wurde die Jurabahn nun zu einer wichtigen Transitlinie. Mit dem Übergang von Elsass und Lothringen an Deutschland, verlor die französische Ostbahn ihren Anschluss nach Basel. Darum suchte sie dringend einen neuen Weg durch den Jura. Die Basler Centralbahn war rasch mit einem Störmanöver zur Hand und versuchte, den Franzosen eine Lützelbahn schmackhaft zu machen, um die beiden Gesellschaften direkt zu verbinden. Nach langen, zähen Verhandlungen gelang es aber der bernischen Regierung, die Franzosen zu überzeugen,

Eisenbahnstrecke Biel–La Chaux-de-Fonds vor der Elektrifizierung.

dass der günstigere Weg über das Netz der Jurabahnen nach Basel führe. Diese willigten schliesslich ein, die Verbindung Pruntrut–Sankt-Ursanne–Basel möglichst rasch zu bauen, weil sich Frankreich mit 4 500 000 Franken an der Jurabahn beteiligte. Damit war die Ausführung des gesamten jurassischen Bahnnetzes gesichert.

Im Mai 1877 gingen die bernischen Staatsbahnlinien Biel–Neuenstadt und Biel–Lyss–Bern in den Besitz der Jurabahnen über; der Betrieb dieser Strecken war bereits seit dem 1. Mai 1874 durch die Jurabahn sichergestellt. Die Linien Biel–Convers und Sonceboz–Tavannes wurden am 30. April 1874, die Strecke Delsberg–Basel am 25. September 1875 dem Verkehr übergeben. 1876 wurden die Strecken Delsberg–Glovelier am 15. Oktober, Tavannes–Court und Delsberg–Moutier am 16. Dezember eröffnet. Als letzte Strecke folgte am 24. Mai 1877 die Strecke Court–Moutier. Damit war das Jurabahnnetz im Wesentlichen komplett. (pg)

Elie Ducommun und das «Journal du Jura»

Der Pionier der Friedensbewegung und spätere Friedensnobelpreisträger, Elie Ducommun, wurde 1873 Generalsekretär der Jura-Bern-Luzern-Bahn, der späteren Jura-Simplon-Bahn. Da sich deren Sitz zeitweise in Biel befand, liess er sich hier nieder.

Als Freund der Familie Gassmann verfasste er verschiedene Beiträge und Leitartikel für das 1871 gegründete «Journal du Jura» (siehe auch Seite 48 f.). (mn)

Weitere Texte finden Sie in der Datenbank «Regionales Gedächtnis»:
- Porträt von Xavier Stockmar
- Porträt von Jakob Stämpfli

1850–1880 Wirtschaft und Gesellschaft

Landwirtschaft
Die Agrarmodernisierung

Das strohgedeckte Bauernhaus in Diessbach wurde «Häni-Häisehus» genannt und 1900 leider abgerissen.

Das System der Dreizelgenwirtschaft hatte seine Verdienste: Es garantierte die maximale Nutzung des Bodens bei zersplittertem Besitz, verteilte also die Risiken und verlangte wenig Investitionen. Es verhinderte aber auch die Umsetzung neuer Erkenntnisse und den Anbau neuer Pflanzen, wie der Kartoffel.

Die Erträge des Ackerbaus stagnierten, weil der Boden kaum mit zusätzlichen Nährstoffen versorgt werden konnte. Der Stallmist war knapp, weil aus Mangel an Futter nicht mehr Tiere überwintert werden konnten – und mehr Vieh konnte nicht gehalten werden, solange aufgrund der dörflichen Nutzungsordnung nicht mehr Ackerboden zu Wiesland gemacht werden konnte. Erst mit der teilweisen Lockerung der Nutzungsordnung gelang es der ländlichen Oberschicht, Ackerland in Mattland umzuwandeln, so die Tierhaltung auszudehnen und damit die Produktivität des Bodens zu verbessern. Zur Ausdehnung der Viehhaltung trug auch der Anbau kleeartiger Futterpflanzen bei;

Die Rolle des Staates

Neben der dörflich bestimmten Nutzungsordnung spielte die Umverteilung von lebensnotwendigen Gütern durch die staatliche Verwaltung eine wichtige Rolle. Die obrigkeitliche Vorratshaltung wirkte sozial und konjunkturell ausgleichend. Auch der Staat Bern versuchte, den Gewinn bringenden Handel mit Nahrungsmitteln zu unterbinden. Angestrebt wurde eine langfristige Ertragssicherung, nicht eine kurzfristige Ertragsmaximierung. Im Vergleich mit anderen Staaten war die Steuerbelastung in Bern noch relativ gering. Zu den fixen Abgaben wie dem Bodenzins, kam als variable Grundlast der Zehnte, der schon auf dem Felde eingezogen wurde.

Seeländer Musterbauern wie Niklaus Wälti in Aarberg, spielten bei der Ausbreitung der Esparsette eine wichtige Rolle.

Diese erste, organische Phase der Agrarmodernisierung begann im späten 18. Jahrhundert; sie wurde im zweiten Viertel des 19. Jahrhunderts beschleunigt und am Ende des 19. Jahrhunderts durch die mechanische Phase abgelöst, in welcher die Wechselwirkungen zwischen der Industriegesellschaft und der Landwirtschaft durch den vermehrten Einsatz von Maschinen und hoffremden Hilfsstoffen verstärkt wurden. Bis ins frühe 19. Jahrhundert war die Produktion von exportfähigem Fettkäse noch auf die Alpen beschränkt. Im zweiten Viertel des 19. Jahrhunderts dehnte sie sich ins Mittelland aus. Nach 1850 erfolgte die Herstellung zunehmend auch im Seeland und im südlichen Jura – davon profitierte die Schweinehaltung, da sich die bei der Käseproduktion anfallende Schotte als vorzügliches Futter für das Borstenvieh erwies. Die durch den Käseexport beschleunigte Zunahme des Viehbestandes (Kühe, Mastochsen, Schweine und Ziegen), war eine wichtige Voraussetzung für die Steigerung der Ackererträge. Allerdings kam dieser Aufschwung nicht allen gleichermassen zugute. Die wachsenden Bargeldeinnahmen veranlassten viele Bauern zum Ankauf gewerblich-industrieller Produkte; manche brachten sogar so viel Milch in die Käserei, dass für den Eigenkonsum ihrer Haushalte kaum mehr etwas übrig blieb. Besonders negativ wirkte sich diese Entwicklung auf die Ernährung der Unterschichten aus, die nicht selten, der Not gehorchend, die teure Milch durch Schnaps ersetzten, oder mit der Haltung von Ziegen nach einer Alternative suchten. (pm)

«Landwirtschaft» lesen Sie weiter auf Seite 54.

Ein Ausflug aufs Land und der Besuch beim Bauern stellten bereits im letzten Jahrhundert ein beliebtes Sonntagsvergnügen dar.

Das Korn wurde in zum Teil kunstvoll gestempelten, mit Namen, Hof und Jahrzahl bezeichneten, sattgewebten Hanfsäcken, so genannten Maltersäcken (1 Malter = 150 Liter) abgefüllt und zur Mühle geführt.

1850–1880 Wirtschaft und Gesellschaft

Erste Juragewässerkorrektion – ein Jahrtausendwerk

Aktie der Gesellschaft zur Finanzierung der Juragewässerkorrektion vom 25. November 1850.

Nach der ersten Juragewässerkorrektion musste um 1880 auch in Twann die Seemauer neu errichtet werden. Solche, und ähnliche Bauten, wurden oft von Gastarbeitern übernommen.

Am 25. Juli 1867 – zwei Jahre nach einer der vielen Überschwemmungskatastrophen im Seeland – ging der mehr als dreissigjährige Kampf Johann Rudolf Schneiders für die Korrektion der Juragewässer zu Ende. An diesem Tag fassten National- und Ständerat den «Bundesbeschluss betreffend die Juragewässerkorrektion». Mit der Zusicherung eines Bundesbeitrages von fünf Millionen Franken, kam nach jahrelangem politischem und planerischem Seilziehen endlich die finanzielle Absicherung einer umfassenden Gewässerkorrektion im westlichen Mittelland zustande. Das Korrektionsprojekt stammte vom Bündner Ingenieur Riccardo La Nicca; er hatte es im Auftrag der Kantone Bern, Solothurn, Freiburg, Neuenburg und Waadt ausgearbeitet. Es sah folgende bauliche Massnahmen und Neuanlagen vor:

- die Ableitung der Aare von Aarberg in den Bielersee durch einen neuen Hagneckkanal;
- Ableitung des im Bielersee vereinigten Wassers von Aare, Broye, Zihl und Schüss durch einen neuen Nidau-Büren-Kanal;
- Korrektion der oberen Zihl zwischen Neuenburger- und Bielersee;
- Korrektion der unteren Broye zwischen Murten- und Neuenburgersee;
- Anpassungsarbeiten auf der Flussstrecke Büren bis zur Emme-Mündung unterhalb Solothurns.

Ein Jahr nach diesem historischen Beschluss der Bundesversammlung hielt der «Retter des Seelands», J. R. Schneider, in einem Brief fest: «Die Satisfaktion, die ich nun habe, dass doch das Werk endlich nach bald dreissig Jahren in gleicher Weise und Richtung ausgeführt wird, wie ich es von Anfang an angestrebt und stets im Auge behalten habe, entschädigt mich hundertfältig für etwelche Mühe und Aufopferung an Zeit, die ich für dasselbe dargebracht habe...» Im Seeland löste der endgültige Bundesbeschluss grosses Aufatmen aus; gleichzeitig gedachte man des unermesslichen Einsatzes Schneiders.

Das «Tagblatt der Stadt Biel» erinnerte am 18. August 1867 unter anderem mit folgenden Worten an das nunmehr gesicherte Projekt des grossen Seeländers, indem es hervorhob, «welch eine grosse Landstrecke der Heimat aus einer versumpften Wüste in ein glückliches Gelände verwandelt und Tausenden von Mitbürgern durch ein Werk der Bruderliebe ein ‹Gott sei Dank› abringt». «Wie mag ihm das Bild seines eigenen Vaterhauses in Meienried vor der Seele geschwebt haben», führte das Blatt weiter aus, «zu welchem er noch als Knabe vor 45 Jahren hinanstieg und das nun durch die Ablagerung der Gewässer in einer Vertiefung liegt, wo die Wasser bei Überschwemmungen zu den Fenstern hineinfliessen».

Tatsächlich waren es – neben dem äusserst geringen Gefälle der rund 30 Kilometer langen Ebene des Seelandes – hauptsächlich die Geschiebeablagerungen der Aare auf der Strecke Aarberg-Meienried und der Emme bei der Einmündung in die Aare, die zu abflusshemmenden Verengungen des Aarelaufs und damit immer wieder zu verheerenden Überschwemmungen und anschliessenden Epidemien führten.

Überschwemmungen, wie jene von 1944, machten im 20. Jahrhundert eine zweite Juragewässerkorrektion nötig.

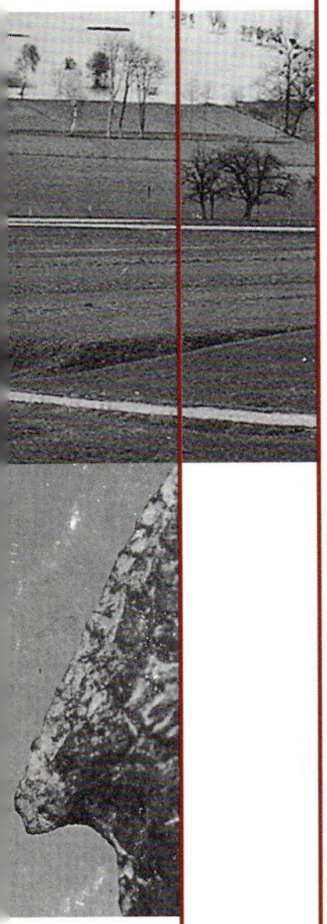

1850–1880 Wirtschaft und Gesellschaft

Das Seeland vor der ersten Juragewässerkorrektion

J. R. Schneider, der «Retter des Seelandes», beschrieb unsere Gegend in einer seiner Schriften unter anderem mit folgenden Worten:

«Wahrlich ein trauriger, schrecklicher Anblick, so viele tausend Jucharten fruchtbares Land mit allen seinen Früchten unter Wasser begraben zu sehen! Das Unglück ist unermesslich. Verloren, gänzlich verloren sind die Früchte des eisernen Fleisses dieser arbeitsamen Bevölkerung. Es scheinen die drei Seen von Murten, Neuenburg und Biel nur ein grosses Wasserbecken zu bilden. (...) Unsere Kornfelder sind mit Schlamm, Sand und Kies überfahren; in wenigen Tagen, besonders wenn heisse Witterung eintreten sollte, werden wir kein gesundes Ährlein mehr haben. Die Kartoffeln sind durchaus verloren, die Dörfer mit zusammengeführtem Unrat angefüllt und die Wohnungen die Zufluchtstätte allen Ungeziefers geworden.»

Ungefähr ab 1550 geschahen derartige Katastrophen immer häufiger, und die Landschaft versumpfte immer mehr. Hilferufe aus der Bevölkerung veranlassten die Berner Patrizier, ab dem Jahre 1704 ein Dutzend Sachverständige mit der Ausarbeitung von Korrektionsvorschlägen zu beauftragen.

Die Katastrophenhochwasser der Jahre 1831 und 1832 wiederum führten J. R. Schneider und seine Seeländer Mitstreiter zur Gründung eines Korrektionskomitees, das 1840 in eine Vorbereitungsgesellschaft umgewandelt wurde. Diese war es, die La Nicca mit der Ausarbeitung eines Korrektionsprojekts beauftragte. Bei dessen Verwirklichung kamen unter der Leitung von Oberingenieur Gustav Bridel (Biel) neben vielen hundert Arbeitskräften auch zwei Dampfbaggermaschinen, zwei Dampfkrane, 24 Transportschiffe, 122 Kippkisten, 60 Rollwagen, zwei kleine Dampflokomotiven und vier Kilometer Schienen zum Einsatz. Bauleitung und Reparaturwerkstätte des Unternehmens befanden sich in Nidau. Mit dem Spatenstich am Nidau-Büren-Kanal, im August 1868, nahm das in den Jahren 1868–1891 verwirklichte Jahrtausendwerk der ersten Juragewässerkorrektion seinen Anfang.

Max Gribi (mg)

Weitere Texte finden Sie in der Datenbank «Regionales Gedächtnis»:
- Vor der ersten Juragewässerkorrektion: Das Seeland um 1850
- Porträt von Johann Rudolf Schneider
- Porträt von Eduard Will
- Porträt von Ulrich Ochsenbein

Die Pfahlbauzeit am Bielersee – ein Teil der Gegenwart

Zu den engagierten Früh-«Archäologen» gehörte Amtsrichter und Handelsmann Carl Irlet (1845–1926), der hier (um 1914/1915) auf einer seiner Expeditionen zu sehen ist. Seine Fundstücke werden, zusammen mit jenen seines Sohnes, Pfr. Dr. h.c. Carl Irlet (1879–1953), im Pfahlbaumuseum Twann aufbewahrt.

Menschen, die – vor allem bei niederem Wasserstand – mit nassen Füssen und konzentriertem Blick, mit oder ohne Boot, das Südufer des Bielersees durchstreifen, sind Teil der Seeländer Vergangenheit und Gegenwart. In unzähligen Haushalten gibt es Schachteln oder Vitrinen, in denen keramische und steinerne, seltener bronzene und Horn-Zeugen der Jahrtausende zurückliegenden Pfahlbauzeit aufbewahrt werden. Die Geschichte begann vermutlich 1846, als Petersinsel-Schaffner Wilhelm Irlet von Twann, dem Oberst Schwab aus Biel erzählte, «es befinde sich in der Bucht von Mörigeneggen eine erhöhte Stelle mit Pfählen, wo man Vasen, meistens Bruchstücke, finde» (Brief F. Schwab an F. Keller, 1865).

Der eigentliche Pfahlbau-(Raub)Zug fand indes erst während der ersten Juragewässerkorrektion (1868–1891) statt, als durch die Wasserregulierung der Seespiegel absank und am flachen Südufer zahlreiche Pfahlbaustationen freigelegt wurden (siehe auch Seite 32ff.). 1873 schritten die Behörden ein und versuchten das Sammeln von «alterthümlichen Gegenständen» zu regeln; mit mässigem Erfolg. Erst vor kurzem erkannte man, dass die Erosion die archaischen Zeitzeugen längst in den Seegrund (zurück)verfrachtet hätte, wären da nicht die ausdauernden Sammler gewesen. Während die wissenschaftliche Erforschung der Pfahlbausiedlungen am Bielersee-Südufer früh einsetzte, wurde die Bedeutung der Besiedlung des Nordufers erst im Kontext des Baus der A5 in den 1970er-Jahren erforscht.   Annelise Zwez (az)

1850–1880 Kultur

Baugeschichte der Stadt Biel
Der Uhrmacherbeschluss führte zu einem Bauboom

Am 20. September 1845 beschloss der Gemeinderat der Stadt Biel, bis Ende 1848 allen neu zugezogenen Uhrmachern und ihren Familien während der ersten drei Jahre freie Aufnahme und den Erlass des Einsassengeldes zu gewähren (siehe auch Seite 20ff.). Die Bieler Gemeindeversammlung sanktionierte die Wirtschaftsförderungsmassnahme am 29. Dezember desselben Jahres, und leitete damit eine hundertzwanzig Jahre dauernde, für die Schweiz einzigartige Entwicklung ein. Zwischen 1849 und 1859 zogen 1718 Uhrmacher mit ihren Familien nach Biel um. Dachstöcke wurden zu Ateliers ausgebaut und in Wohnhäusern Werkstätten eingerichtet. Dann aber entstanden Uhren- und Bestandteilfabriken, die den grösseren Teil der Uhrenarbeiter beschäftigten. Die Bauwirtschaft boomte. Eine grossstädtische, viergeschossige Häuserzeile entstand ab 1850 an der Nordseite der Juravorstadt, deren Verbindung mit dem Jura infolge des Strassenbaus durch die Taubenlochschlucht im Jahre 1858 verbessert wurde. Es entstanden Villen, und Brunnen wurden angelegt. Das Café Bellevue hiess 1859 seine ersten Gäste willkommen. Mit dem Bau der Eisenbahn in den Jura 1874, verlagerte sich das wirtschaftliche Zentrum von der Juravorstadt an den Bahnhof am Guisanplatz (siehe auch Seite 26ff.).

Die Cité Marie in Biel wurde 1868 als Arbeiterquartier erbaut. Die 14 Wohnhäuser mit je drei Stockwerken wurden 1967 abgebrochen.

Biels Bevölkerung hat sich in dieser Zeitspanne etwa verdreifacht. Es bestand eine riesige Nachfrage nach Wohnraum. 1857 gründete der städtische Baudirektor Alexander Schöni mit einigen Fabrikanten und dem Baumeister David Girard die Baugenossenschaft Neuquartier, um auf den Matten der ehemaligen Indiennefabrik ein rechtwinkliges Strassennetz anzulegen und an die hundert Häuser zu bauen. So entstand das Neuquartier im Raum Mühlebrücke, Neuengasse, Rüschlistrasse und Eisengasse. Die ersten zwei, nach der ersten Bieler Bauordnung erstellten, U-förmigen Häuserkomplexe (Zentralstrasse 11 bis 17 und 19 bis 25) waren 1860 vollendet.

Die erste Bahnlinie nach Biel verband die Stadt ab 1857 mit Solothurn. Der erste Bahnhof wurde in der Nähe des Zentralplatzes gebaut. Hier begann die Entwicklung der neuen Stadt des 19. Jahrhunderts. Die Eröffnung der Bahnlinie nach Bern, im Jahre 1864, und die Verlegung des Bahnhofs um etwa 400 Meter in Richtung Südost an den heutigen Guisanplatz, steuerten ihren Teil zur dynamischen Entwicklung bei (siehe auch Seite 24ff.).

Diese Zeit intensiver technischer Erneuerung brachte Biel das erste Telegrafenbüro, die Gasbeleuchtung und das Pferdetram sowie eine neue Wasserversorgung. Gebaut wurden die ersten Häuser entlang des Schüsskanals und an der Zentralstrasse, das neubarocke Landhaus von Carl Neuhaus, die Elfenau an der Schüsspromenade 14, das Museum Schwab an der Seevorstadt, Wohn- und Geschäftshäuser an der Bahnhofstrasse, Villen an der Alpenstrasse und Schützengasse und verschiedene Bauten am Unteren Quai. (jt)

«Baugeschichte der Stadt Biel» lesen Sie weiter auf Seite 60.

Nidaugasse 46. 1852 wurde dieses Haus für den Regierungsstatthalter Alexander Schöni gebaut. Das Gebäude wurde 1952 und 1961 zum Geschäfts- und Lagerhaus umgebaut.

Der Abbruch der Cité Marie diente als Übung für die Luftschutztruppen.

1850–1880 Kultur

Welt des Sports
Die Periode der Geburtswehen

In der zweiten Hälfte des 19. Jahrhunderts standen sportliche Veranstaltungen ganz im Zeichen des Aufbaus einer starken Nation. Traditionelle Spiele, wie das nach alten Vorschriften betriebene Steinstossen, waren sehr beliebt. Hier das Schwingfest mit Steinstossen in Zürich 1871.

Der Übergang vom Staatenbund zum Bundesstaat 1848, war auch auf dem Gebiet der «Leibesübungen» wegweisend. Er fand seinen Ausdruck in der zunehmenden Gründung von Vereinen und Verbänden. Von England her trat die Bezeichnung «Sport» immer mehr in Konkurrenz zum Begriff der «Leibesübungen».

In der Schweiz (und nicht nur hier) herrschte eine stark von romantischen und patriotischen Gefühlen geprägte Einstellung mit einer eher ablehnenden Haltung gegenüber «unerwünschten fremden Einflüssen». Man konnte eine Art Zweiteilung feststellen: auf der einen Seite die «volkstümlichen» Sportarten (zum Beispiel Turnen, Schwingen oder Schiessen), auf der anderen die eher «elitären» (zum Beispiel Reiten, Fechten oder Rudern). Dass die Sportbewegung auch gesellschaftspolitische Aspekte aufwies, manifestierte sich anno 1864 mit der Gründung des Arbeiterturnverbandes (Satus). In jener Zeit werden der Bieler und Seeländer Sport in den historischen Dokumentationen kaum erwähnt. Ein kräftiges Lebenszeichen war immerhin die Durchführung des Eidgenössischen Schützenfestes 1877 in Bözingen – ihm folgten bereits 1886 ein weiteres am gleichen Ort, und 1888 eines in Biel.

Hervorzuheben sind auch einige Bieler Siege an den Eidgenössischen Turnfesten jener Jahre: 1868 und 1878 gewannen Lanz und Lombard im Kunstturnen, respektive Nationalturnen, und 1869 siegte Biel bei den Sektionen. (kt)

«Welt des Sports» lesen Sie weiter auf Seite 62.

Das Hornussen wurde im 19. Jahrhundert vielerorts fast zur Sucht. Das althergebrachte Spiel hat sich in den letzen 150 Jahren kaum verändert. Jedoch kommt es heutzutage kaum mehr zu Raufereien und Saufgelagen, wie es damals bei Hornussertreffen üblich war.

1850–1880 Alltag

Alltagswelten
Zwischen Bürgertum und Kaiserin Sissi

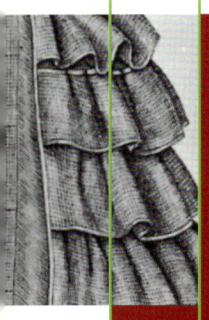

Rosina Hartmann-Moll mit ihren Töchtern und Schwiegersöhnen Jakob Kuhn und Albert Locher, 1858. Kinder-, Herren-, Damen- und Matronenmode auf einem Bild.

Nur in der Schweiz brachte die 1848er-Revolution dem wirtschaftlich bereits massgebenden Bürgertum auch die politische Macht. In Frankreich entstand dagegen unter Napoleon III. das «Second Empire», während in Deutschland und Österreich die alten Fürstenhäuser an der Macht blieben.

Die wirtschaftliche, technologische und kulturelle Entwicklung schlug in diesem Zeitraum ein rasantes Tempo an. Nicht nur das Bürgertum, auch der Franzosenkaiser förderte die Industrie; Weltausstellungen vermittelten die jüngsten Erfindungen, Kolonien – die meisten europäischen Länder besassen mittlerweile welche – brachten Reichtum in die alte Welt. Nun werden in den Städten selbst, seit es die standortunabhängige Kraftquelle Dampfmaschine, und später den elektrischen Strom gibt, Industrien angesiedelt. Es entstehen Ballungszentren, deren vorhandene Wohnbauten als Unterkunft nicht mehr ausreichen. Entsprechend produzieren Fabrikbesitzer und Bauunternehmer Wohnraum zur Miete, da die Arbeiterschicht und das Kleinbürgertum zur Eigentumsbildung nicht fähig sind; die Wohnung wird zur Industrieware. In Biel sorgen Baugesellschaften von Fabrikherren der neuen Generation, etwa Sessler, Locher, Tscherter, Benz u. a. (Neuquartier, ab 1857), vermögende Einzelpersonen wie J.-P. Monin-Japy (Cité Marie, 1868) und Bauunternehmer wie Gottlieb Huber oder Albert Wyss & Cie (Neumarktquartier, ab 1870, oder Pasquart, ab 1880)

Der «drapierte Zeitgeschmack». Musikzimmer, Rekonstruktion von 1984.

Das Blechzeitalter, oder wie der Spengler das Haus modernisiert
Die Herstellung von Weissblech, die Entwicklung der Walzwerk- und der Löttechnik sowie die Erfindung der Drehbank, haben die Produktion von Blech als ein billiger und vielseitiger Werkstoff im 18. bis 19. Jahrhundert ermöglicht. Und mit der Aufhebung der Zunftordnung 1798, konnten sich Kupferschmiede und Spengler für den Bereich der Bauspenglerei vereinigen.
Ofenrohre erlauben es, die neuen transportablen Herde und Öfen überall in der Wohnung aufzustellen, sauber gelötete, später auch korrekt gefalzte Röhren bringen Wasser in das Haus und leiten Schmutzwasser aus den Wohnungen ab; Nassräume können so überall eingebaut werden. Und schliesslich bringen die Blechröhren auch das Leucht- und Kochgas ins Haus.
Haushalts- und Küchengeräte werden zusehends aus Blech hergestellt und konkurrenzieren die Arbeiten der Töpfer, Schachtelmacher, Zinngiesser, Küfer oder Böttcher. Die handwerklich hergestellten Blechutensilien werden bald von der industriellen Massenproduktion verdrängt.

1850–1880 Alltag

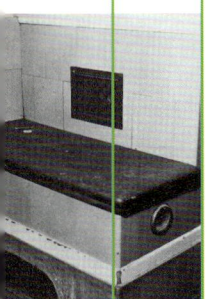

für die Deckung des Bedarfs. Bau und Einrichtung von kleinen unabhängigen Mietwohnungen, auch in Altbauten, werden durch die neuen transportablen Herde und Öfen technisch einfacher, durch den zusätzlichen Komfort, wie fliessendes Wasser, Kanalisation, Gas- und später Elektrizitätsanschluss – durch die das Haus an ein städtisches Werk «angenabelt» wird – aber auch teurer.

Das französische Kaiserhaus und das Grossbürgertum bestimmen den Einrichtungsstil, der von Textilem dominiert wird; man spricht vom «drapierten Zeitgeschmack». Der Tapezierer verdrängt den Schreiner als wichtigsten Handwerker für die Innenausstattung. Schwere Vorhänge, Draperien um die Türen, Velours auf Sitzmöbeln und als Tischdecken, textile Wandbespannungen, Paravents, Teppiche am Boden und an den Wänden! Die Farben sind dunkel, die Möbel sind schwer, und ihre Anordnung ist relativ starr um den zentralen Tisch unter der Petrol-, Gas- oder später der elektrischen Lampe. Der Rückzug in die Familie wird durch Vorhänge und Jalousien abgeschirmt, die Verteidigung der Privatsphäre – nicht zuletzt vor den aufkommenden klassenkämpferischen Tönen der Strasse – optisch durch Zinnen und Türmchen an den Villen suggeriert.

Küche und Kochen werden durch die neuen, energiesparenden Herde, in denen das Feuer im Gegensatz zur offenen Kochstelle eingesperrt ist sowie durch die engeren Platzverhältnisse in den Städten, durch die neuen Einkaufsmöglichkeiten im Kolonialwarenladen und bei anderen Spezialisten stark verändert.

Die Mode wird wieder vom Hof bestimmt: Kaiserin Eugénie in Paris und Kaiserin Elisabeth (Sissi) in Wien geben den Ton an, man spricht vom neuen Rokoko. Die Röcke sind enorm weit und über der Krinoline (von «crin» = Rosshaar) ausladend drapiert, noch voluminösere Formen erlaubt der Reifrock aus Stahlschienen; sein Erfinder wird 1856 innert Wochen zum reichen Mann. Um 1870 löst die «Tournure» oder «Faux-cul» den Reifrock ab; die Silhouette

Der Sparherd oder das «Potager»
Um die Mitte des Jahrhunderts erlaubt es die Technik, die energiefressende offene Feuerstelle in der Küche gegen den so genannten Sparherd auszuwechseln. Dieser transportable Herd besteht aus einem Metallrahmen, mit eingesetzten Kacheln oder Emailplatten. Die Feuerstelle im Innern ist ausgemauert und mit einem Rost für Holz- und Kohlenbrand versehen, der die eiserne Kochplatte erwärmt. Diese ist mit zwei oder mehreren Öffnungen ausgestattet, die durch Einlegen von Ringen auch zum Einhängen kleinerer Töpfe geeignet sind. Dazu kommen der Bratofen und das Wasserschiff, eventuell ein Dörrofen, Wärmeschrank oder eine Holzschublade. Die Hitze kann mittels Schiebern dahin geleitet werden, wo man sie gerade braucht.

engesellschaft der Ofenfabrik Sursee, in Sursee.
ciété anonyme Fabrique de Fourneaux Sursée, à Sursée.

Kochherd Nr. 3¹/₂ – Potager économique N° 3¹

Mit Bratofen, Wärmofen und kupfernem verzinntem Wasserschiff.

Reklame aus dem frühen 20. Jahrhundert für einen Spar-Kochherd der Ofenfabrik Sursee.

von vorne ist schmal, die Stoffmassen werden über dem Gesäss arrangiert und zur Schleppe verlängert. Nur mit einem geübten Hüftschwung kann man in diesen Roben den Körper drehen. Das spitz zulaufende Oberteil bleibt eng über stramm geschnürtem Korsett.

Die Herrenmode wird noch sachlicher und unauffälliger; Jackett und Sakko verdrängen Frack und Gehrock. Die seit 1850 verbreitete Porträtfotografie belegt, dass auch Bieler und Bielerinnen dem Modetrend folgen. Die bürgerliche Familie mit ihrer strengen Rollenverteilung zeigt immer mehr auch ihre Nachteile. Nicht nur, dass Arbeiter- und Kleinbürgerfamilien diesem Ideal nicht nachleben können, weil das Gehalt des Vaters allein nicht ausreicht, auch verwitwete und allein stehende gutbürgerliche Frauen können in Schwierigkeiten geraten. Man beginnt über die ausserhäusliche Ausbildung der Mädchen nachzudenken. (ie)

Elisa Blösch-Pugnet (1809–1863) in grosser Robe mit Reifrock um 1855–1860.

«Alltagswelten» lesen Sie weiter auf Seite 72.

Weitere Texte finden Sie in der Datenbank «Regionales Gedächtnis»:
– Vom Brunnen zum Wasserhahn
– Aus den Lebenserinnerungen Frau Irlets

1850–1880 Politik und Presse

Die Bourbaki-Armee wird interniert

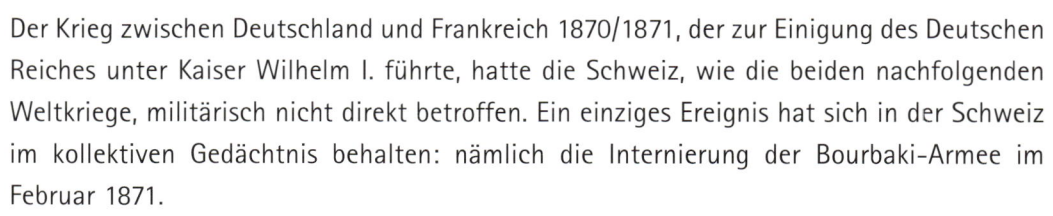

Der Krieg zwischen Deutschland und Frankreich 1870/1871, der zur Einigung des Deutschen Reiches unter Kaiser Wilhelm I. führte, hatte die Schweiz, wie die beiden nachfolgenden Weltkriege, militärisch nicht direkt betroffen. Ein einziges Ereignis hat sich in der Schweiz im kollektiven Gedächtnis behalten: nämlich die Internierung der Bourbaki-Armee im Februar 1871.

Mit der Belagerung der Festung Belfort durch die deutsche Armee, hatten sich die Kampfhandlungen der Schweiz angenähert. Die französische Ostarmee, unter General Charles Denis Bourbaki, war im französischen Jura geschlagen worden. Sie war gezwungen, sich von Pontarlier in Richtung Schweizer Grenze zurückzuziehen. Bourbaki ersuchte beim schweizerischen General Hans Herzog um Aufnahme der Armee mit 90 314 Angehörigen, darunter 2467 Offizieren, in der Schweiz. Am 1. Februar 1871 trat die geschlagene Armee über die Grenze bei Les Verrières im Val-de-Travers. Die Soldaten waren teilweise in

Schweizer Soldaten bewachen die Geschütze der geschlagenen Ostarmee in Clendy bei Yverdon.

General Hans Herzog.

erbärmlichem Gesundheitszustand, trugen zerrissenes Schuhwerk und schleppten sich nur mühsam durch den tiefen Schnee vorwärts. Sie wurden an der Grenze sofort entwaffnet und in verschiedenen Lagern in der ganzen Schweiz interniert.

Hier hatten sie bis zum Abschluss des Rückführungsvertrages zwischen der Schweiz und Frankreich Ende März 1871 zu bleiben, wofür Frankreich der Schweiz im folgenden Jahr 12 Millionen Franken als Entschädigung bezahlen musste, da diese neben den zahlreichen Spenden der Schweizer Bevölkerung für die Kosten der Internierung aufkam.

Andreas Schwab (as)

Kriegsgewinner

Der Bieler Metzger, Samuel Flückiger, an der Kanalgasse, soll durch Lieferungen für die Bourbaki-Armee so reich geworden sein, dass er sich 1875 den «Mattenhof» (Mattenstrasse 84) als Wirtshaus und Hotel bauen lassen konnte. Doch wie gewonnen, so zerronnen – er machte 1880 Konkurs.

(ie)

Weitere Texte finden Sie in der Datenbank «Regionales Gedächtnis»:
– Neuenburger Handel

1850–1880 Politik und Presse

Verlag und Druckerei Gassmann
Turbulenter Auftakt

Die erste Ausgabe des «Seeländer Boten» vom 1. Januar 1850 im Format 19 x 25 Zentimeter.

Franz Joseph Amatus Gassmann (1812–1884). Der Gründer der Bieler Druckerei.

Franz Joseph Amatus Gassmann folgte dem Ruf der Liberalkonservativen aus Biel, und richtete 1849 in Biel eine neue Druckerei ein. Am 1. Januar 1850 wurde die erste Ausgabe des «Seeländer Boten» gedruckt, der in der Folge jeweils dienstags, donnerstags und samstags erschien.

Das Risiko, das Amatus einging, war nicht gering. Am Platze gab es schon eine Zeitung und über obrigkeitliche Aufträge verfügte er nicht. Ferner abonnierte und las damals nur eine kleine Schicht von «Meinungsmachern» die politische Presse. Beispielsweise Gemeindeschreiber, Schulmeister oder Wirte.

Es ist anzunehmen, dass die führenden Köpfe der liberalkonservativen Partei, meist Geschäftsinhaber und Fabrikanten, der Druckerei allerlei Geschäftsdrucksachen zukommen liessen. Denn mit der Zeitung allein, die in ihrem zweiten Jahrgang 1000 Abonnenten zählte, liessen sich keine grossen Einnahmen tätigen.

Auch politisch betrat Amatus ein schwieriges Umfeld. Die Zeitungsgründung stand in direktem Zusammenhang mit den Grossratswahlen vom Mai 1850. In Biel standen sich die Radikalen unter Alexander Schöni, und die Liberalkonservativen unter David Schwab gegenüber. Der Wahlkampf führte zu heftigen Tumulten, Anpöbeleien und gar Schlägereien zwischen den Anhängern der beiden Parteien. Der «Seeländer Bote» war in seinen ersten Jahrgängen als liberalkonservatives Sprachrohr klar ein Parteikampfblatt. Die Zeitung nahm kein Blatt vor den Mund, und Amatus führte eine spitze Feder, was ihm 1850 seitens der Radikalen eine Ehrverletzungsklage einbrachte. Er wurde vom Obergericht zu sechs Tagen Haft und einer Busse verurteilt.

Als die Radikalen die Wahlen verloren hatten, blieb es nicht allein bei einer Ehrverletzungsklage. Dem Verleger des «Seeländer Boten» wurde das Geschäftsschild zerschlagen. Einige Zeit später wurden beim Verlagshaus noch die Fenster eingeschlagen. Hier weilte jetzt aber nicht mehr Amatus. Dieser hatte sich nach dem Wahlsieg der Liberalkonservativen nach Solothurn zurückgezogen und das Geschäft seinem Halbbruder Moritz abgetreten.

In dieser Pressefehde war aber schliesslich die ehemals streitbare «Neue Jura-Zeitung» das Opfer, welches 1852 das Feld räumen musste.

Biel – die zweisprachige Stadt

Nun kehrten politisch ruhigere Zeiten ein, und Moritz Gassmann konnte sich vermehrt um das Geschäft an der Schmiedengasse 109 kümmern. Wie bereits sein Halbbruder vor ihm, war Moritz selber als Redaktor tätig. Er schrieb die Leitartikel sowie einige kritische Bemerkungen und stellte die eingehenden Meldungen zusammen. Die Nachrichten aus der weiteren Umgebung benötigten oft eine Woche, bis sie in der Zeitung erschienen. Rascher wurde über die Verhandlungen der Räte in Bern berichtet. Auslandnachrichten kamen als Depeschen bis an die Schweizer Grenze, von wo aus sie durch die Post weiter befördert wurden.

Ab 1855 erschien die Zeitung in grösserem Format, und im Untertitel bezeichnete sie sich als «Intelligenzblatt für das Seeland».

In der Zeit der industriellen Entwicklung Biels wanderten immer mehr französisch sprechende Uhrmacherfamilien zu (siehe auch Seite 22 ff.). Biel begann sich in der Folge ab Mitte des 19. Jahrhunderts zur Zweisprachenstadt Biel-Bienne zu entwickeln. Darum wurden im Gassmann Verlag ab 1859 auch französische Artikel verfasst und französische Reklamen und Aufrufe gedruckt. Der «Seeländer Bote» fügte als zweiten Untertitel «Feuille d'Avis de Bienne et des environs» bei.

Obwohl der Verlag nun gut in Fahrt gekommen war, entschied sich Moritz – aus welchen Gründen auch immer – für einen persönlichen Neubeginn. Im Frühjahr 1861 überliess er das Geschäft seinem damals erst 16-jährigen Sohn Franz Wilhelm, genannt Wilhelm, und wanderte in die Vereinigten Staaten aus.

«Seeländer Bote» vom 9. Juli 1857:
«Juragewässerkorrektion. Die ständeräthliche Kommission hat mit fünf gegen vier Stimmen beschlossen, die Berathung des Gesetzes noch nicht vor die diesmalige Sitzung der Räthe zu bringen, sondern dem Bundesrathe einen Kredit zur Vervollständigung der Expertise zu bewilligen. Vier Stimmen wollten sofortiges Eintreten, und zwar mit Zugrundelegung des Projektes La Nicca's.»

1850–1880 Politik und Presse

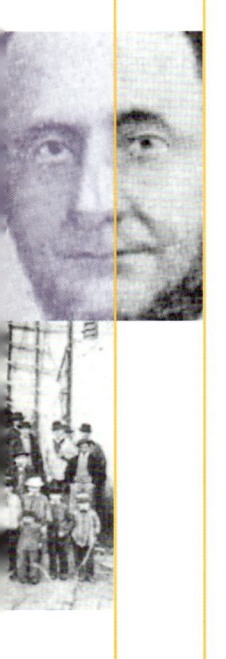

«Seeländer Bote» vom 16. Juni 1877:
«Biel. Die Brodpreise, welche beim Ausbruch des orientalischen Krieges rasch bedeutend stiegen, sind jetzt auf dem besten Wege, in demselben Masse wiederum rückwärts zu gehen. Es ist das eine Folge davon, dass die Käufer kurz nach dem rapiden Aufschlagen inne zu halten begannen und so der Handel ins Stocken gerieth, während man sofort beeilt war, die im Orient zurückbleibenden Quantitäten aus andern Gegenden zu ersetzen. Auf diese Weise wurden auf den Haupthandlungsplätzen ungeheure Massen von Frucht aufgestapelt, welche endlich um so mehr wieder losgeschlagen werden mussten, und zwar zu niedrigeren Preisen, da die Ernteaussichten dieses Jahr allenthalben sehr gut sind. Bei gegenwärtig sehr gedrückter Zeit ein tröstlicher Engel.»

Die Gründung des «Journal du Jura»

Trotz seiner Jugend ergriff Wilhelm sehr schnell die Initiative. Er engagierte sich früh im politischen und wirtschaftlichen Leben der Stadt Biel und des Seelandes. In den 1860er-Jahren schlug er einen neuen politischen Kurs ein und näherte sich dem rechten Flügel der Radikalen. Wilhelm Gassmann, und mit ihm der «Seeländer Bote», vertraten in der Folge das im Vergleich zu den radikalen Ideen der Jahrhundertmitte etwas gemässigtere freisinnige Gedankengut.

Als Gemeinde- und Grossrat, mit seiner Beteiligung an zahlreichen Kommissionen sowie als Major in der Armee, schlug er eine Brücke zwischen Presse und Politik.

Wilhelm Gassmann (1845–1892). Erst 16-jährig übernahm er die Firma und gab ab 1863 die erste französischsprachige Zeitung des Bieler Verlags heraus.

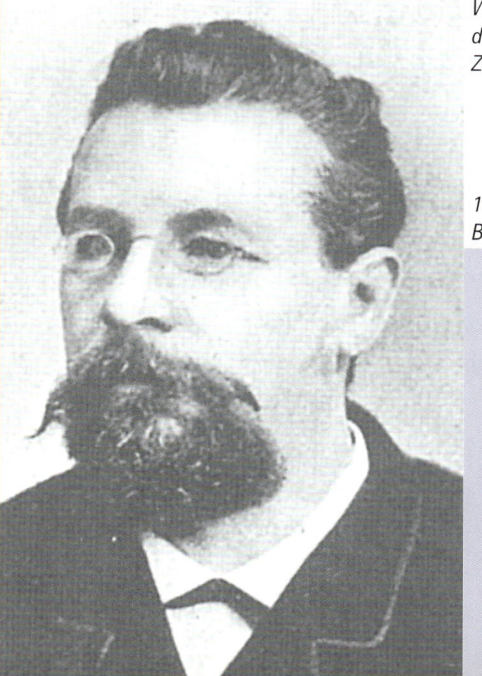

1863 gab der Gassmann Verlag mit dem «Feuille d'Avis de Bienne» erstmals eine französischsprachige Zeitung heraus.

Das «Journal du Jura» kämpfte in seinen ersten Jahrgängen gegen die Ultramontisten im katholischen Teil des Juras. Der Kulturkampf als Auseinandersetzung zwischen weltlicher und kirchlicher Macht, nahm hier heftige Formen an. Dieses Bild aus dem Jahre 1875 zeigt das Ende eines katholischen Gottesdienstes in Courgenay, der in einer Scheune abgehalten werden musste.

In den Jahren seines Wirkens blühten in Biel erstmals Handel und Industrie auf. Mit diesem Aufschwung stieg entsprechend der Bedarf an Drucksachen, und die Zeitungen fanden bedeutend mehr Abnehmer. Wilhelm Gassmann verlegte nun nicht mehr allein den «Seeländer Boten», sondern seit 1863 zusätzlich eine französischsprachige Zeitung. Das Blatt hiess zuerst «Feuille d'Avis de Bienne – Journal politique, industriel et littéraire» (das später unter dem Titel «Feuille d'Avis de Bienne et de La Neuveville» publiziert wurde). Ab 1871 erschien die Zeitung täglich mit dem Titel «Journal du Jura» als «Organe des libéraux jurassiens». Es hatte sich in den letzten Jahren immer deutlicher gezeigt, dass die wenigen französischen Beiträge im «Seeländer Boten» den Bedürfnissen der französisch sprechenden Leserschaft nicht mehr gerecht wurden.

Die stetige Expansion des Unternehmens führte 1873 dazu, dass an der Dufourstrasse 17 ein neues und grösseres Verlagsgebäude bezogen wurde. Hier führte Wilhelm bereits erste motorbetriebene Maschinen ein und gliederte eine Buchbinderei sowie eine Sortimentsbuchhandlung an. Zudem beteiligte er sich an zwei Weltausstellungen (Wien 1873 und Paris 1878) und an der Landesausstellung in Zürich 1883.

Die Gründung des «Journal du Jura» fiel in eine Zeit, die stark vom Kulturkampf geprägt war. Die Zeitung stellte sich in ihren ersten Jahrgängen mit einer ausgeprägt starken Wortwahl gegen die Ultramontisten im katholischen Jura – insbesondere gegen deren Vertreter in Pruntrut, welche, so das damalige «Journal du Jura», wahrlich «de la pire espèce» gewesen seien. (mn)

«Verlag und Druckerei Gassmann» lesen Sie weiter auf Seite 86.

Weitere Texte finden Sie in der Datenbank «Regionales Gedächtnis»:
– Porträt von Alexander Funk

1881–1918 Wirtschaft und Gesellschaft

Welt der Industrie
Elektrizität und Fabrikproduktion

SBB-Hauptwerkstätte Biel. Die Werkstätte für den Unterhalt am Eisenbahnmaterial wurde bereits 1892 an das Stromnetz angeschlossen und 1903 in die SBB integriert.

Trug die bernische Volkswirtschaft noch um 1890 mit ihrer leistungsfähigen, aber überdimensionierten Landwirtschaft und einigen industriellen Modernisierungsinseln frühmoderne Züge, so holte der Kanton in den Jahren bis zum Ersten Weltkrieg die industrielle Revolution nach und mauserte sich zur modernen Volkswirtschaft. Die lange Phase der Prosperität war im industriellen Sektor gekennzeichnet durch eine Zunahme der zentralen Fabrikproduktion und die flächendeckende Nutzung der Elektrizität als neuer Energieträger. Das Seeland war dabei massgeblich an der Elektrifizierung des Kantons beteiligt; das bedeutsamste Kraftwerk wurde 1898 in Hagneck gegründet. Aus ihm entstanden nach der Fusion mit dem Spiezer Kraftwerk 1909 die Bernischen Kraftwerke.

Die Basis für eine verstärkte industrielle Entwicklung des seeländischen Raumes wurde durch die 1886 vollendete erste Juragewässerkorrektion gelegt, welche neue Möglichkeiten der Landnutzung schuf und eine Erschliessung der Region durch die Eisenbahn erlaubte (siehe auch Seite 32 ff.). Die Eröffnung der Verbindung Lyss–Aarberg–Murten 1876, und der «Gäubahn» nach Büren, Solothurn und Olten, machte Lyss neben Biel zum wichtigsten Verkehrsknotenpunkt der Region, was der wirtschaftlichen Entwicklung starke Impulse verlieh. 1887 beheimatete die Ortschaft unter anderem eine Uhrenfabrik, eine mechanische Ziegelei, eine Wollspinnerei und eine mechanische Zement- und Bausteinfabrik; mehr als die Hälfte aller Erwerbstätigen war in der Industrie beschäftigt. Auch die Bezirke Büren, Wangen, Aarberg und das Gebiet um Lengnau und Pieterlen wiesen infolge der besseren Verkehrsbedingungen ein vergleichsweise hohes industrielles Wachstum auf.

Die stürmischste Entwicklung erlebte allerdings die Stadt Biel, wo die ungebremste Expansion der Uhrenproduktion eine Industriestadt entstehen liess, in der um 1910 fast

24 000 Menschen lebten. Ein Drittel der Beschäftigten war im Uhrensektor tätig, dessen Aufschwung sich nach der kurzen Krise um 1875 in einer grossen Zahl von Fabrikgründungen niederschlug (1880 Omega, 1887 Rolex, 1896 Central Watch, 1907 Bulova). Auch im jurassischen «vallon de Saint-Imier» stieg die Zahl der Uhrenbetriebe bis 1890 auf über 200; in Tavannes und Tramelan entstanden neue Uhrenfabriken, die den Strukturwandel des Uhrensektors hin zur zentralisierten, maschinellen Fabrikproduktion verdeutlichten. Die verstärkte Mechanisierung der Uhrenproduktion bewirkte dabei eine rasch wachsende Nachfrage nach Präzisionsmaschinen und wurde so zum Entwicklungsmotor der Maschinen- und Metallindustrie in Biel und Moutier, wo zwischen 1880 und 1914 bekannte Firmen (Hauser, Tornos) entstanden. Zudem verlangte sie nach einer stark ausgeweiteten Energiegrundlage; diese wurde durch eine rasch ausgebaute Nutzung der Elektrizität geschaffen. (dw)

«Welt der Industrie» lesen Sie weiter auf Seite 88.

In den Jahren 1918 und 1919 wurde auch Gals an die Stromversorgung angeschlossen.

Lastwagen der Ziegelei in Pieterlen um 1910.

Das 1898 gegründete Kraftwerk Hagneck in den 1920er-Jahren.

Die Schattenseiten des raschen technischen Fortschritts. Eisenbahnunglück in Biel am 11. Januar 1906.

Weitere Texte finden Sie in der Datenbank «Regionales Gedächtnis»:
– Fernkraftübertragung in Biel-Bözingen

1881–1918 Wirtschaft und Gesellschaft

Das Ringen um den «Moosrugger» – BTI-Bahn

Einst: 4. Dezember 1916. Start zur Jungfernfahrt der «Seeländischen Lokalbahn» ...

Die Bestrebungen für den Bau von Lokalbahnen im Seeland reichen in die Zeit vor hundert Jahren zurück. Mit der Eröffnung der Bern-Neuenburg-Bahn (BN) über Kerzers und Ins im Jahre 1901, und der Normalbahn Freiburg-Murten zwei Jahre später, nahm der Wunsch einer breiten Bevölkerung am rechten Bielerseeufer, Biel und Ins miteinander zu verbinden, immer konkretere Formen an (siehe auch Seite 24f.). 1908 erteilte die Bundesversammlung einem Initiativkomitee die Konzession für eine elektrische Schmalspurbahn von Biel über Täuffelen durchs Moos nach Ins. Die Bahngesellschaft, an die die Konzession unentgeltlich überging, konstituierte sich 1912 unter dem Namen «Seeländische Lokalbahn (SLB) Biel-Täuffelen-Ins AG».

Im Schatten des Ersten Weltkrieges

Im Juli 1914, unmittelbar vor Kriegsausbruch, wurde mit dem Gleisbau begonnen. Der Bahnbetrieb konnte 1916 zwischen Nidau und Ins aufgenommen werden.

...und jetzt: Die moderne, komfortable Zugkomposition der «aare seeland mobil» eilt im Halbstundentakt durchs Seeland.

Die SLB, später mit dem Kürzel BTI (Biel-Täuffelen-Ins-Bahn) angeschrieben, erfüllte ihren Zweck: beachtliche Frequenzen im Personen- und Güterverkehr wurden ausgewiesen. Aber selbsttragend, wie auch andere vergleichbare Bahnen, war sie nie. Bund und Kanton stopften und stopfen noch heute die Löcher.

Sein oder Nichtsein

Nach dem Zweiten Weltkrieg kam das Auto auf und konkurrenzierte den öffentlichen Verkehr, speziell die Bahnen. Kollisionen mit der BTI, die über weite Strecken ohne Sicherheitszwischenraum neben den Autos, Zweiradfahrern und Fussgängern ihren Fahrplan einzuhalten versuchte, häuften sich. Es meldeten sich unüberhörbar die Bahngegner, beziehungsweise die Befürworter eines «beweglicheren Verkehrsmittels». Die Regierung gab Expertisen in Auftrag und verwies Ungeduldige auf einen bevorstehenden Versuchsbetrieb mit einem Autobus. Das «Bieler Tagblatt» erkannte: «Jetzt der Bevölkerung am rechten Bielerseeufer die Bahn wegzunehmen und durch einen im Stau steckenbleibenden Bus zu ersetzen, und damit den öffentlichen Verkehr auf die überlasteten Strassen zu zwingen, wäre alles andere als weitsichtige Verkehrspolitik.»

Bern «lenkt ein»

Die Bahngegner setzten sich vorerst durch: Am 18. September 1966 wurde die BTI für einige Tage stillgelegt. Ein Bus übernahm das tägliche Verkehrsaufkommen.
Nachdem die Expertisen eher für die Bahn ausfielen, und der Busversuch fehlschlug, begriff auch Bern, «lenkte ein» und beteiligte sich bereitwillig an der längst fälligen Bahnerneuerung, so dass am festlich begangenen 30. Mai 1975 eine total sanierte BTI mit eigenem Trassee im Halbstundentakt verkehren konnte.

Eine moderne Bahn

Dass die BTI-Leitung mit der Zeit ging, bewies sie 1996 mit der Inbetriebnahme von sieben hochmodernen, kostengünstigen Niederflurfahrzeugen. Inzwischen wechselte die Bahn ein drittes Mal ihren Namen. Sie ist heute auf Druck von Bund und Kanton, und mit dem Segen der Aktionäre, der kostengünstigeren Betriebsgemeinschaft «aare seeland mobil» einverleibt worden. Das einst geringschätzig «Moosrugger» titulierte Bähnli hatte sich zur leistungsfähigen und zeitgerechten Regional- und Vorortsbahn entwickelt, zu einem Verkehrsmittel, das am rechten Bielerseeufer nicht mehr wegzudenken ist.

Fritz Probst (fp)

Mit der Industrialisierung stieg das Bedürfnis nach Mobilität. Nebst vielen neuen Eisenbahnstrecken entstanden auch Drahtseilbahnen. Hier die Eröffnungsfeier der Seilbahn Biel–Leubringen am 21. Januar 1898.

1881–1918 Wirtschaft und Gesellschaft

Landwirtschaft
Wein und Fleisch

«Foire de Chaindon». Pferdemarkt bei Reconvilier 1880.

Im anbrechenden Industriezeitalter war die landwirtschaftliche Entwicklung durch eine Intensivierung und Spezialisierung der Produktion gekennzeichnet. Der Übergang von der ackerbaulich geprägten, zu einer primär viehwirtschaftlich orientierten Wirtschaftsweise – und damit von einer «gelben» zu einer «grünen» Schweiz – erfolgte im Seeland und im Jura in erster Linie durch eine Intensivierung; die Bauern hielten hier trotz sinkenden Getreidepreisen länger am Ackerbau fest, als im östlichen Mittelland. Die Gründung der Zuckerfabrik Aarberg 1899 schuf zudem einen Anreiz für den Anbau von Zuckerrüben (siehe auch Seite 59).

Bis in die 1880er-Jahre blieb auch die Rebfläche annähernd stabil. Von den 24 Gemeinden im «Nidauer Kornland» besassen nur zehn keine Reben. Zwischen 1885 und 1915 schrumpfte jedoch das Rebareal im Kanton Bern infolge mehrerer nasskalter Sommer und der aus

Agrarkrise

Nach der Ankoppelung der Schweiz ans weltweite Verkehrsnetz und der Einbindung in den Weltmarkt, sanken die Preise für Getreide; jene für Milch und Fleisch jedoch stiegen nur mässig. Die Getreideimporte nahmen rasch und massiv zu, und Mitte der 1880er-Jahre brachen die Käse- und Viehexporte ein. Die Agrarkrise, die zum ersten Mal eine Überfluss- und nicht mehr eine Mangelkrise war, folgte phasenverzögert auf jene der Industrie und des Gewerbes. In der bernischen Landwirtschaft, wo viel weniger Bauernbetriebe bankrott gingen als beispielsweise in Luzern, wurde sie erst richtig spürbar, als in den anderen Wirtschaftszweigen der Aufschwung schon wieder eingesetzt hatte.

den USA eingeschleppten Schädlinge (falscher Mehltau und Reblaus) um rund einen Viertel (siehe auch Seite 56 ff.).

Gleichzeitig begannen sich die Konsumgewohnheiten zu ändern: Das Bier und der Obstmost konkurrenzierten vermehrt den Wein als Alltagsgetränk, und die rasch wachsenden Städte entwickelten einen eigentlichen Fleischhunger. Je härter der Mensch körperlich arbeite – so lautete die auch in der Schweiz schon bald äusserst populäre Theorie des deutschen Chemikers Justus von Liebig – desto mehr Proteine brauche er, weil jede körperliche Tätigkeit an der Muskelsubstanz zehre. Die Landwirtschaft reagierte rasch auf die neuen Anliegen. Die Ausdehnung der Rindfleischproduktion war – als Koppelprodukt der sich ausbreitenden Milchproduktion – ja schon seit Mitte des Jahrhunderts im Gang. Und die Zahl der Schweine wurde zwischen 1866 und 1911 verzweieinhalbfacht.

Die landwirtschaftlichen Genossenschaften waren eine Folge des von Krisen begleiteten Industrialisierungsprozesses. Sie entstanden in den 1860er-Jahren in Deutschland und konnten in den 1880er-Jahren auch in der Schweiz Fuss fassen; sie wirkten als Drehscheibe zwischen Industrie, Landwirtschaft und Konsumenten. Mit der Vermarktung der bäuerlichen Erzeugnisse schufen sie einen grossräumigen und flächendeckenden Agrarmarkt; den Bauern ebneten sie den Weg vom arbeitsintensiven, auf biologischen Ressourcen beruhenden organischen Landbau, zu einer zunehmend auf Energie aus mineralischen Ressourcen basierenden mechanisch-chemischen Landwirtschaft, wie sie sich flächendeckend eigentlich erst in den 1960er-Jahren durchsetzte.

Die einzelnen Genossenschaften schlossen sich auf kantonaler Ebene 1890 im Verband landwirtschaftlicher Genossenschaften von Bern und Umgebung (VLG) zusammen. Eine wichtige Rolle spielten die Genossenschaften auch beim Zusammenschluss der Bauern auf schweizerischer Ebene durch ihre Mitgliedschaft beim 1897 gegründeten Schweizerischen Bauernverband. (pm)

«Landwirtschaft» lesen Sie weiter auf Seite 96.

Bauernhof in Lüscherz um 1900. Das Hausdach ist noch strohgedeckt.

Die Entwässerung des Grossen Mooses führte zu landschaftlichen Veränderungen. Aus ehemals überschwemmungsgefährdeten Gebieten wurde landwirtschaftlich nutzbares Kulturland. Der Torfstich – wie hier bei Witzwil – diente als zusätzliche Einkommensquelle.

Beim Pflügen – hier auf dem Moosacker bei Diessbach – konnten lediglich tierische und menschliche Arbeitskräfte eingesetzt werden. Motorenkraft stand den Bauern noch kaum zur Verfügung.

1881–1918 Wirtschaft und Gesellschaft

Die Rebenschädlinge am Bielersee

Das «Herd tragen», ein verschwundenes «Rebwerch». Jährlich musste die abgeschwemmte Erde in Halskörben von einer Quermauer zur nächsthöheren getragen werden.

Die Weinrebe steht seit Jahrhunderten in unserer Gegend. Der Wein galt noch im letzten Jahrhundert als ein begehrtes Lebensmittel und diente den Kranken zur Stärkung. Vor hundert Jahren wuchsen in der Schweiz auf 32 000 ha Reben, gegenüber 15 000 ha heute. Der Kanton Bern verzeichnete 645 ha, heute noch 250 ha. Jede Gemeinde im Seeland hatte ihren Rebberg, heute stehen sie nur noch am Nordufer des Bielersees und am Jolimont. Der Weinbau war damals ein blühender Zweig der Landwirtschaft. Es sollte anders kommen: Mit dem Aufkommen der Dampfschiffe und der Eisenbahnen kamen auch landwirtschaftliche Produkte aus Übersee an den Bielersee. Diese waren oft infiziert mit bisher unbekannten Krankheiten. Aus der neuen Welt stammen die gefährlichen Pilzkrankheiten, die Europa vor mehr als hundert Jahren erreichten.

Der «Echte Mehltau» überzieht bei nasswarmem Wetter die verblühten Trauben mit einem Schimmel, der die Beerenhäute verhärtet und sie aufspringen lässt. Mit Schwefelprodukten kann dieser Pilz vorbeugend bekämpft werden.

Der «Falsche Mehltau» kam über Frankreich zu uns. Er wird zuerst sichtbar an Flecken an der Unterseite der Blätter. Bei Nichtbekämpfung kann das ganze Blattwerk infiziert werden, das in der Folge verdorrt, und mit ihm verderben auch die jungen Trauben. Diese Pilzkrankheiten konnten sich bei entsprechenden Wetterbedingungen ausbreiten und Ernten vernichten. So gab es 1910 am Bielersee keinen Leset; die Ernte, und damit der Jahresverdienst für die Rebleute waren dahin.

Nach Jahren der Ratlosigkeit gelangte auch die «Bordeaux-Brühe» an den Bielersee zur Bekämpfung der Krankheiten (Kupfer-Kalkbrühe). Sie wirkte radikal. Heute werden weniger toxische Mittel verwendet.

Diese vorbeugende Bekämpfung des Mehltaus brachte den Winzern im Sommer viel Mehrarbeit. Fünf- bis siebenmal Spritzen war schwere Handarbeit mittels 30 kg schweren Rückenpumpen.

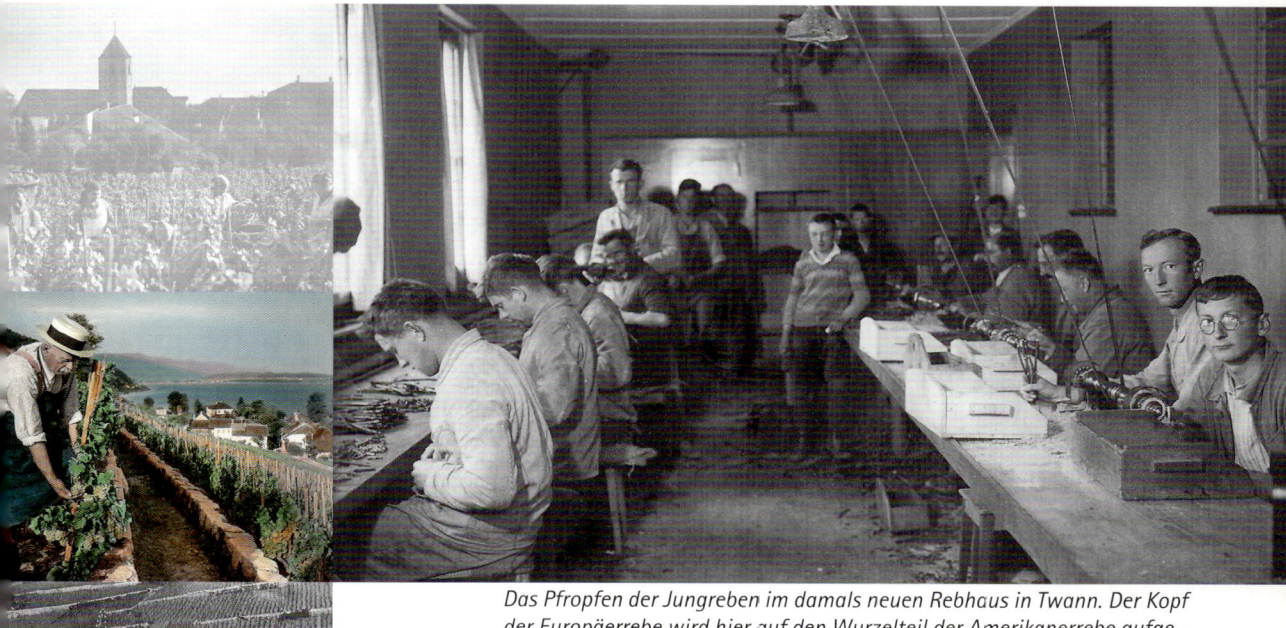

Das Pfropfen der Jungreben im damals neuen Rebhaus in Twann. Der Kopf der Europäerrebe wird hier auf den Wurzelteil der Amerikanerrebe aufgepfropft. Aufnahme von 1935.

Doch auch der gefährlichste Schädling gelangte gegen Ende des 19. Jahrhunderts aus Amerika zu uns: die Reblaus (Phylloxera vastatrix). Sie begann die meisten europäischen Rebflächen zu verwüsten. Befallene Flächen mussten gerodet werden.
Die Reblaus ist eine bis 1,4 mm grosse Blattlaus, zum Teil mit Flügeln. Sie saugt an den Rebwurzeln und zerstört sie. Von der Westschweiz her, erreichte der gnadenlose Schädling Anfang des Jahrhunderts die Gegend um den Bielersee. Die Weinbauern waren gewappnet. Die Rebgesellschaften als Berufsverbände errichteten in Twann und Neuenstadt Pflanzenschulen zum Veredeln der Jungreben. Dabei wird ein Kopf der Europäerrebe auf den Wurzelteil der Amerikanerrebe aufgepfropft. Letztere ist immun gegen Reblausschäden.
Durch die Jahrhunderte erneuerte der Rebmann seine Stöcke durch «Gruben», d.h., er steckte die Spitze einer Rebenrute (verholztes Rebschoss) vom benachbarten Stock in den Boden. Die Knospen, die dabei in der Erde liegen bringen Wurzeln, diejenigen oberhalb des Bodens tragen Schosse. Auf diese Weise, oder mit Stecklingen, pflanzte man früher die Weinreben. Die Rebstöcke standen auch nicht in Reih und Glied, sondern kreuz und quer. Das änderte nun gründlich. Das Pflanzfeld für die Pfropfreben musste durch Rigolen vorbereitet werden; auf Berndeutsch heisst das «Kehren». Das geschah mittels Hinauftragen von Erde, 60 cm tief und 30 cm breit, mit dem Halskorb. Mit Karst und Schaufel wurde dann die obere Erdschicht des folgenden Grabens unten versorgt, und die untere kam obenauf.

1881–1918 Wirtschaft und Gesellschaft

Blick von Twann Richtung Rebberge und Bielersee um 1911.

Alles war schwere Handarbeit; von Seilwinden oder Kleintraktoren war noch lange keine Rede. Die Ertragsausfälle durch die Reblausschäden waren enorm. Die grosse Erneuerung der Rebberge am Bielersee fand etwa von 1910 bis 1930 statt, begleitet von grossen Ernteverlusten; denn der Rebstock trägt erst im fünften Standjahr eine volle Ernte. Die jungen Stöcke wurden nun exakt in die Reihe gesetzt, mit einem Reihenabstand von 80 bis 100 cm.

Die Öffentlichkeit liess die Rebbauern nicht im Stich. 1907 stimmte das Berner Volk einem Reblausgesetz zu, um die Winzer bei der Rekonstitution ihrer Reben zu unterstützen.

Während dieser Umbruchzeiten hatten die Weinbauernfamilien nichts zu lachen. Der Verdienst war karg, gottlob waren die meisten damals noch Selbstversorger, indem sie Kühe oder Ziegen hielten und das Gemüse selber pflanzten. Nach der Überwindung der Reblauskrise gelang es, unserer Rebkultur wieder zu ihrem guten Namen zu verhelfen. Da die Zeit nie still steht, brachten die folgenden Jahrzehnte weitere Neuerungen, wie die Mechanisierung der Bodenarbeit und den Umbau der Reberziehung zu den heutigen Drahtrahmenkulturen mit grösseren Satzweiten.   Otto Krebs (ok)

Weitere Texte finden Sie in der Datenbank «Regionales Gedächtnis»:
– Der Rebenweg von Vingelz nach Neuenstadt
– Der Bieler Rebberg

Zucker aus Aarberg – vom Luxusartikel zum Massenkonsumgut

Anzahl Pflanzer, Anbauflächen und Rübenmengen der Zuckerfabrik Aarberg

Jahr	Anzahl Pflanzer	Rübenfläche in ha	Rübenverarbeitung in t
1963	5581	4413	194 023
1965	4939	4592	168 395
1970	4349	4859	206 215
1975	3594	5616	233 214
1980	3949	7278	361 385
1985	4323	8407	425 926
1990	4214	8192	547 144
1995	4326	8611	475 106
1999	4146	10 642	705 654

Hochwertiges Saatgut, selektive Unkrautbekämpfung und moderne Vollernteverfahren führten in den letzten 40 Jahren im Zuckerrübenanbau und in dessen Verarbeitung zu einem Rationalisierungseffekt. Während sich die Anbaufläche von 1963 bis 1999 etwas mehr als verdoppelt hat, werden heute mehr als dreieinhalb Mal mehr Rüben als 1963 verarbeitet.

Zucker wurde in der zweiten Hälfte des 19. Jahrhunderts für unsere Ernährung unentbehrlich. Doch wer auch immer versuchte, damals in der Schweiz Zucker aus Zuckerrüben zu fabrizieren: er gab bald wieder auf. Denn die Erträge waren wegen billiger Importe und ungünstiger Zollpolitik unsicher, und der Industrie fehlte die nötige Menge Rüben (der Anbau war für die Landwirte zu wenig rentabel). Nach einer Reihe gescheiterter Projekte im ganzen Land, nahm 1899 die Zuckerfabrik in Aarberg den Betrieb auf – und erlitt nach zehn Jahren prompt Konkurs. Kaum hatte das Unternehmen wieder Tritt gefasst, da brannte 1912 die Fabrik ab; die neu gegründete Zuckerfabrik und Raffinerie Aarberg AG baute sie wieder auf. Nach dem Ersten Weltkrieg begann sich das Verhältnis zwischen Zuckerwirtschaft und Staat zu wandeln: die öffentliche Hand schuf mit Eingriffen in den Markt bessere Rahmenbedingungen für die Zuckerindustrie. 1963 schliesslich, begann die zweite Zuckerfabrik der Schweiz in Frauenfeld zu produzieren. Beide Unternehmen fusionierten 1997 zu den Zuckerfabriken Aarberg + Frauenfeld AG. Daniel Di Falco (ddf)

1881–1918 Kultur

Baugeschichte der Stadt Biel
Ein neues Stadtzentrum

Im Vordergrund zwei 1895 erbaute Wohn- und Geschäftshäuser an der Nidaugasse 39–41. Bei den repräsentativen Putzbauten ist die damals beliebte Sandsteingliederung gut zu erkennen.

Das heutige Stadtzentrum entstand um die Wende zum 20. Jahrhundert. Wer in der Nidaugasse seinen Blick von den Schaufensterauslagen abwendet und gegen oben schweifen lässt, dem werden Fassaden von ihrer Entstehungszeit erzählen. Sie verschweigen aber, dass an der Nidaugasse bereits im Jahre 1805 dreiundvierzig Häuser standen, die dann allmählich ersetzt wurden. 1859 hiess der Teil zwischen dem einstigen Standort des Nidautors und dem Zentralplatz «Bahnhofvorstadt». Dieser Abschnitt der heutigen Nidaugasse wurde zwischen 1880 und 1900 überbaut. Die Baulücken, sowohl an der Nidaugasse, als auch an der Bahnhofstrasse, wurden vor allem im letzten Jahrzehnt des 19. Jahrhunderts geschlossen. Ab 1901 entstand die Gebäudegruppe zwischen Schüler- und Florastrasse (Nidaugasse 35), unter anderem mit dem Warenhaus Meyer-Knopf in Formen der Neugotik und des Jugendstils, welche 1972 dem Zweckmässigkeit spiegelnden Neubau der Ersparniskasse (heute Coop) weichen musste.

Der alte Bahnhofplatz und die Bahnhofstrasse kurz vor der Jahrhundertwende.

Der Hauptbau des Technikums um 1900. Links ist die 1876 eröffnete Uhrmacherschule – die Vorgängerin des Technikums – zu erkennen.

Das Haus Bahnhofstrasse 53, Confiserie Meyer, 1904 von Louis Leuenberger erbaut, mit Fassadenplastik von Walter Müller-Glinz, zeigt Ähnlichkeiten mit der verschwundenen Baugruppe, namentlich der in einem Frauenkopf endende Giebel ist vergleichbar.

Zwischen 1882 und 1900 entstanden unter anderem das Postgebäude Seevorstadt, die Eglise libre an der Quellgasse, die Synagoge, die Magglingenbahn, das Mädchenschulhaus Neumarktstrasse, der Pavillon Felseck, die Drahtseilbahn Biel–Leubringen, das Plänke-Schulhaus und das Hauptgebäude des Technikums. Von 1901 bis 1918 realisierten die Bieler das Kontrollgebäude am Zentralplatz, die französische Kirche im Pasquart, die christkatholische Kirche, die Schulhäuser Neuengasse und Alpenstrasse, die Wohnkolonie Hofmatten als erste Wohnbaugenossenschaft Nidaus, das Krematorium, das Zeughaus, die Postfiliale Gurzelen, die Kantonalbank und das Volkshaus am Juraplatz (ehemals Brauerei Walter). (jt)

«Baugeschichte der Stadt Biel» lesen Sie weiter auf Seite 98.

Seit 1877 gehörte das «Rösslitram» zum Bieler Strassenbild. Die 1902 elektrifizierte Strassenbahn stellte den Betrieb 1948 ein.

Das Wachstum einiger Schweizer Städte zwischen 1850 und 1910

	Einwohner 1850	Einwohner 1910	Wachstum in Prozent
Biel	3462	23 679	684
Zürich	41 585	215 488	518
St. Gallen	17 878	75 482	422
Bern	29 670	90 937	306
La Chaux-de-Fonds	12 638	37 751	299
Solothurn	5370	11 688	217
Thun	6019	12 173	202

In Biel lebten 1910 fast siebenmal mehr Menschen als noch 60 Jahre zuvor. Keine andere Schweizer Stadt hatte in dieser Zeit ein vergleichbares Bevölkerungswachstum zu verzeichnen.

Das nach Plänen von Emil Moser im Heimatstil erbaute Gymnasium an der Alpenstrasse wurde 1910 eingeweiht. Die Dimensionen dieses monumentalen Bildungstempels dokumentieren den Bildungshunger des frühen 20. Jahrhunderts.

1881–1918 Kultur

Welt des Sports
Vorbereitung des grossen Durchbruchs

Offizielle Festpostkarte des Kantonalen Schützenfestes in Biel von 1903. Turn- oder Schützenfeste dienten immer auch der Festigung des Nationalgefühls. Die hier abgebildeten Soldaten aus verschiedenen Epochen und Landesteilen symbolisieren die Eintracht und Wehrtüchtigkeit der Schweizer Männer.

Um die Wende zum 20. Jahrhundert wirkten sich vor allem die Verbandsgründungen der Radrennfahrer (SRB: 1883, UCS: 1897), der Ruderer (1886) und der Fussballer (1895) auf die wettkampfmässigen sportlichen Betätigungen der Seeländer aus. Vor allem von der Turnerschaft wurden diese Sportarten «scheel» betrachtet.

Eine Reihe von Bielern und Seeländern konnte sich auf nationaler Ebene auszeichnen. Albert Dubach aus Madretsch wurde 1902 und Charles Chopard 1911 Schweizer Meister im Radrennfahren. Chopard bestritt auch die Tour de France. Der Brügger Radrennfahrer Ernst Grädel gewann zudem 1903 und 1904 den Meistertitel der Amateure. Der Bielersee als

Ausschnitt eines Briefes des Präsidenten des westschweizerischen Schützenfestes an den Redaktor des «Seeländer Boten», Jakob Kull, vom 1. April 1893.

Ruderbecken ermöglichte dem Seeklub Biel eine Trainingsbasis, die dieser von 1904 bis 1918 gleich mit mehreren Landesmeistertiteln in diversen Kategorien krönte.

Unter den Einzelsportlern ist vor allem der Bieler Ernst Nussbaum zu erwähnen, der vor dem Ersten Weltkrieg zu einem Aushängeschild der Leichtathletik wurde. Nussbaum war 1912/1913 Schweizer Meister über 800, 1500 und 5000 Meter.

Von grosser Bedeutung war 1896 der Start des Bieler Fussballs. Initiator war Charles Dubois, und gespielt wurde im so genannten «Jardin anglais». Der FC Biel wurde aber bald durch den 1898 gegründeten FC Floria konkurrenziert. Erst nach jahrelangen Bemühungen kam es dank Fritz Kummer 1907 zur Fusion, und 1911 benannte sich der Verein von «Vereinigter Fussball-Club» in «Fussball-Club Biel» um. Bereits in der Saison 1907/1908 konnte der Verein in der damaligen höchsten Klasse (Serie A) mitspielen und belegte in der Folge in der Region Zentralschweiz Mittelfeldplätze. Der erste Internationale aus den Reihen des FC Biel war Ernst Siegrist, der zuerst als Stürmer und später als Abwehrspieler eingesetzt wurde. Siegrist absolvierte zudem vier Länderspiele. In der Saison 1912/1913 zog der FC Biel um: Das bisherige Spielfeld Glacière wurde zugunsten der Gurzelen aufgegeben. (kt)

«Welt des Sports» lesen Sie weiter auf Seite 102.

Langlaufrennen auf dem Mont-Soleil 1910.

Knabenturnverein Nidau 1915.

Damenriege von Pieterlen um 1918.

1881–1918 Kultur

Robert Walser nimmt uns auf einen Spaziergang mit

Karl Walser: Illustration zu Robert Walsers «Gedichte» (1908), Kaltnadelradierung, 6,5 x 9,2 cm.

1917, als rund um die Schweiz der Erste Weltkrieg Millionen von Toten fordert, veröffentlicht Robert Walser sein Prosastück «Spaziergang», das 1920 in einer Neufassung im Sammelband «Seeland» herauskommen wird. Zu der Zeit ist er ein mittelloser Dichter, der, zurückgekehrt aus Berlin, sein Leben als völliger Aussenseiter in Biel fristet. Die finanzielle Situation ist miserabel, und er hat schlechte Aussichten, sich beruflich irgendwo wieder zu etablieren. Sein Bruder Karl hingegen, hat sich als Maler einen Bekanntheitsgrad geschaffen, von dem er als Dichter nur träumen kann. Die Luxusausgabe der Sammlung «Seeland», die vom Rascher-Verlag in 600 Exemplaren gedruckt wird, verkauft sich wie alle seine Bücher nur äusserst schleppend, obwohl Karl Walser sie mit fünf Radierungen illustriert hat.

Trotzdem lässt sich an Robert Walsers Prosa kaum etwas von den drängenden Schwierigkeiten feststellen. Er bezeichnet sich auf dem Spaziergang als «zielbewusster, solider Mann», wenn nicht gar als «Lord und Grandseigneur», der es sich erlaubt, die Gegend einmal aus privilegierter Sicht zu betrachten. Die Ironie und der Stolz des freiwilligen Müssiggängers, die hier herauszulesen sind, durchziehen den ganzen Text «Spaziergang», der sich stellenweise wie ein Dreiergespräch zwischen dem Autor Robert Walser, dem wandernden Ich-Erzähler und dem angesprochenen Leser liest.

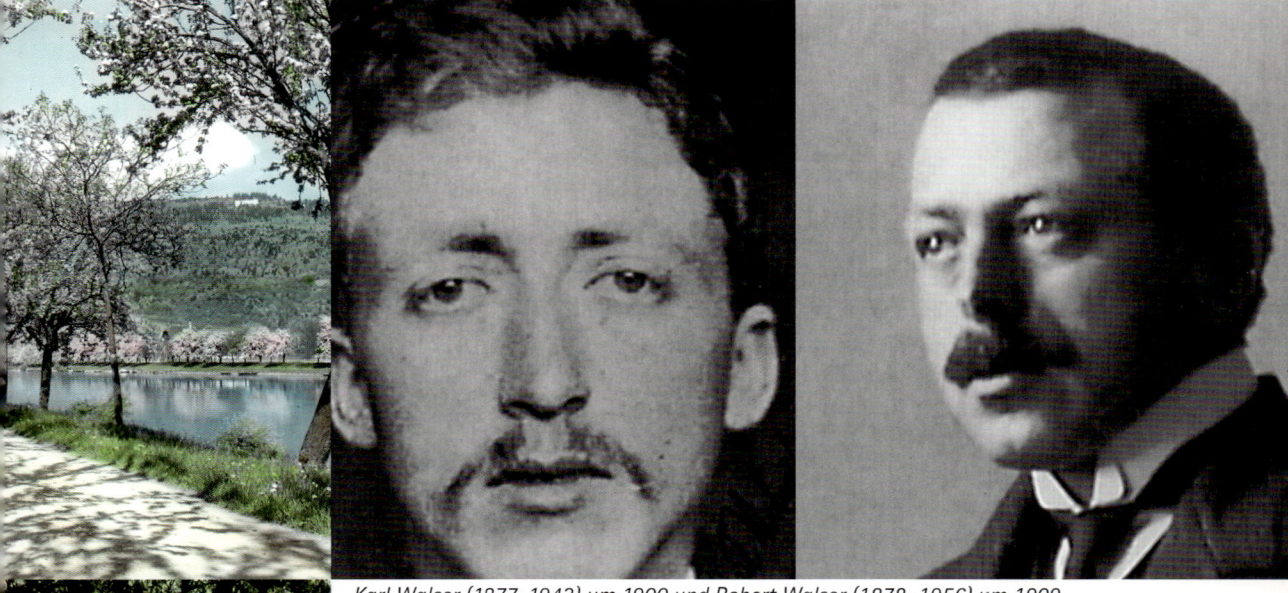

Karl Walser (1877–1943) um 1900 und Robert Walser (1878–1956) um 1909.

Sein Leben lang war der in Biel geborene Robert Walser ein leidenschaftlicher Spaziergänger und Wanderer. Einmal soll er an einem Tag von Bern zu Fuss auf den Niesen gegangen sein und noch am gleichen Abend zurück, ein Gewaltmarsch von 24 Stunden. Aber wenn er uns, wie in seiner 1917 entstandenen Erzählung «Spaziergang», auf einen poetischen Spaziergang mitnimmt, können wir nie ganz sicher sein, ob dieser so stattgefunden hat oder hätte stattfinden können. Er zeichnet nicht bloss die äusseren Eindrücke auf, sondern sein Stil ist vielfach dem Gedankenspiel auf Wanderschaft nachempfunden. Im regelmässigen Rhythmus des Fortbewegens bilden seine Gedanken lange Assoziationsketten, schweifen ab und lassen sich wieder von einem bestimmten Eindruck auf etwas Neues bringen. Seine Beschreibung der äusseren Umgebung wird immer wieder durchbrochen von Überlegungen ohne erkennbares Ziel, er verwendet die unterschiedlichsten Eindrücke, um über seine Existenz als Schriftsteller nachzudenken sowie für seine Auseinandersetzung mit der Gegenwart. Nicht zuletzt spielt er leichtfüssig mit den lautmalerischen Elementen der Sprache.

Robert Walser beobachtet seine Umgebung in seiner romantisch-abenteuerlichen Gemütslage, in die er sich versetzt, genau. Doch welche Umgebung?

1881–1918 Kultur

Robert Walser

Der Schriftsteller Robert Walser wurde 1878 in Biel geboren. Er führte ein unstetes, einzelgängerisches Leben, das ihn nebst Bern und Zürich auch nach Berlin und wieder nach Biel führte. Seine bekanntesten Romane sind «Geschwister Tanner», «Der Gehülfe» und «Jakob von Gunten», die zwischen 1907 und 1909 entstanden sind. 1929 wurde er infolge einer psychischen Krise in die Nervenheilanstalt Waldau in Bern eingewiesen, und ab 1933 lebte er bis zu seinem Tod 1956 in der Nervenklinik in Herisau.

Walser versteht das Seeland nicht örtlich. In seinem «Spaziergang» sind zwar viele Lokalitäten identifizierbar, doch Walser betont auch, «das Seeland kann in der Schweiz oder überall sein, in Australien, in Holland oder sonstwo». Dennoch pflegt Walser keinen abgehobenen Blick auf eine fiktive natürliche Gegend, zu Unrecht wurde er lange Zeit als Idylliker und Naturverklärer angesehen. Auf seinen Spaziergängen wird Robert Walser immer wieder mit Auswüchsen der modernen Welt konfrontiert, welche er durchaus nicht alle begrüsst. Gegen den damals noch seltenen Privatverkehr, für fortschrittsgläubigere Publizisten ein Anlass zur Hoffnung, stösst er eine Verwünschung aus: «Wehe daherfahrenden Automobilen, die kalt und bös in das Kinderspiel, in den kindlichen Himmel hineinfahren, und kleine, unschuldige menschliche Wesen in Gefahr bringen zermalmt zu werden.» Das protzige, goldene Reklameschild einer Bäckerei stört ihn, weil es den guten Geschmack verdirbt. «Die miserable Sucht, mehr zu scheinen als was man ist, soll der Teufel holen, denn das ist die wahre Katastrophe. Dieses und ähnliches

Karl Walser: Porträt Robert Walsers, Bleistiftzeichnung (aus «Pan», 1912).

verbreiten Kriegsgefahr, Tod, Elend, Hass, Verunglimpfungen auf der Erde (...)» Hinter seinen vordergründig harmlosen und naiven Betrachtungen verbirgt sich ein ironisch verkleidetes Aufbegehren gegen solche Zumutungen der Zivilisation, in deren Namen Kriege geführt werden. Der Rückzug in die überschaubare Welt des Spaziergängers ist die Methode Walsers, sich zur Tagesaktualität zu äussern – vielleicht weniger direkt als andere, aber länger während. (as)

1881–1918 Kultur

Albert Anker

Albert Anker (1831–1910).

Albert Anker (nach Taufrodel Albrecht) wurde am 1. April 1831 im Seeländer Dorf Ins am Rand des Grossen Mooses geboren. Zusammen mit seinem älteren Bruder Rudolf und seiner jüngeren Schwester Louise verbrachte er in dem heimeligen Hochstudhaus an der Müntschemiergasse, wo sein Vater, Samuel Anker, eine Tierarztpraxis betrieb, glückliche Kindheitstage. Nachdem sein Vater als Kantonstierarzt nach Neuenburg berufen worden war, zog die Familie in die aufstrebende Stadt am Neuenburgersee, wo Albert die welschen Schulen besuchte. Zeitlebens blieb er der französischen Sprache eng verbunden. 1847 starben kurz nacheinander sein Bruder und seine Mutter. Fünf Jahre später kehrte der Vater nach Ins zurück, nachdem er infolge der Neuenburger Wirren seine Stelle als Kantonstierarzt verloren hatte. Albert nahm nun – auf Wunsch seines Vaters – an der Universität Bern das Theologiestudium auf, studierte als fröhlicher Zofingerstudent zuerst in Bern und später in Halle a. d. Saale; in seinem Herzen aber lebte der Wunsch, ein Maler

*Der Zeitung lesende alte Feissli. 65,5 x 50,5 cm, Öl auf Leinwand.
Ein weiteres Motiv Albert Ankers war der «Seeländer Bote». Auf diesem Bild sehen wir einen älteren Mann auf dem wärmenden Sitzofen bei seiner abendlichen Zeitungslektüre. Das Bild zeigt, dass sich der «Seeländer Bote» bereits im letzten Jahrhundert einer grossen regionalen Verbreitung erfreuen konnte.*

Anna Rüefli, die Frau Albert Ankers.

Die Müntschemiergasse in Ins. Diese Häuser gegenüber dem Ankerhaus brannten 1901 ab.

zu werden. 1853 schrieb er, nach vielen inneren Kämpfen, seinem Vater von Halle aus den so genannten «Schicksalsbrief», in dem er um die Erlaubnis bat, Maler zu werden. Die Antwort des Vaters lautete vorerst Nein; erst ein Besuch des Berner Professors Karl Wyss, zusammen mit dem befreundeten Pfarrer von Ins, brachte den Vater dazu, seine Einwilligung zum Berufswechsel seines Sohnes zu geben.

1854 zog der 23-jährige Albert mit 300 Franken Taschengeld seines Vaters nach Paris, wo er sogleich ins Atelier des Waadtländer Malers Charles Gleyre eintrat. Ein Jahr später wurde er in die «Ecole des beaux arts» aufgenommen. Früh konnte er in Paris seine Bilder verkaufen, nachdem sie im «Salon» ausgestellt waren.

Nach dem Tode seines Vaters verheiratete er sich 1864 mit der Bieler Metzgertochter Anna Rüefli, der Jugendfreundin seiner inzwischen auch verstorbenen Schwester Louise. Er

1881–1918 Kultur

richtete sich für seine Familie im ererbten Haus an der Müntschemiergasse eine Wohnung ein; im Dachstock des Hauses (es war das erste mit Ziegeln bedachte Haus im Dorf!) entstand ein grosses Atelier, in dem er von nun an arbeitete. Der Ehe entsprossen sechs Kinder, wobei zwei Knaben bereits im frühesten Kindesalter verstarben.

Die Beziehung zu seinen Pariser Malerfreunden brach nie ab; so bezog er an der «rue de la Grande Chaumière» eine Zweitwohnung. Während fast 40 Jahren pendelte er mit seiner Familie zwischen der Weltstadt Paris und dem ländlichen Seeländer Dorf hin und her: den Winter verbrachten sie in Paris, den Sommer in Ins. Dabei fühlte sich Albert Anker während seiner Sommeraufenthalte als durchaus integrierter Bürger seines Heimatdorfes: Er half den ersten Männerchor zu gründen und wurde dessen Sekretär. Er war Mitglied der Schulkommission und machte häufig Schulbesuche, vermutlich weniger, um die Arbeit der Lehrerin zu kontrollieren, als um seine Modelle auszusuchen. «Gell, du chunnsch de hüt Namitaag zu mier is Atelier, überchunnsch de derfür es Zwenzgi.»

Um seine wachsende Familie ernähren zu können, war Anker auf seine Bilderverkäufe angewiesen; in Paris besorgte dies sein Kunsthändler Goupil. 1866 tat sich eine willkommene neue Geldquelle auf: die Fayencemalerei. Während vieler Jahre lieferte er der Fayencefabrik der elsässischen Gebrüder Deck seine Entwürfe. Sein Interesse an dieser Tätigkeit war nicht besonders gross, doch er konnte «die vielen kleinen Batzen» zur Finanzierung seines Haushaltes gut gebrauchen.

Anker wurde schon zu Lebzeiten mit zahlreichen ehrenvollen Auszeichnungen bedacht. So war er zeitweilig Mitglied der Eidgenössischen Kommission der Gottfried-Keller-Stiftung. Oftmals amtete er als Mitglied von Jurys für internationale Kunstausstellungen. Kurz nachdem ihm von der Universität Bern die Ehrendoktorwürde verliehen worden war, erlitt er infolge eines Grossbrandes 1901 an der Müntschemiergasse einen Schlaganfall, der ihn vorübergehend rechtsseitig lähmte. Damit ging die Ölmalerei Ankers zu Ende; das

Der Schneebär, 1873. 90 x 150 cm, Öl auf Leinwand.

Stilleben, Kaffee, 1877.
45 x 59 cm, Öl auf Leinwand.

Schulmädchen mit Nähkörbchen in Winterlandschaft 1878. 60 x 47,5 cm, Öl auf Leinwand.

auf der Staffelei stehende Bild «Die Konfirmandinnen» blieb unvollendet. In den letzten neun Jahren seines Lebens entstanden die so genannten «Spätaquarelle», bis etwa 1904 linkshändig gemalt, im einheitlichen Format 25 x 35 cm, die er zum Einheitspreis von 100 Franken an eine weit verbreitete Kundschaft verkaufte.

Er spürte das kommende Ende («j'attends ma seconde attaque»), und er freute sich darauf, im Himmel seinem verehrten Maler Raffael zu begegnen. Im Juni 1910 nahm ihm der Tod den Pinsel aus der Hand. Ins erlebte ein Staatsbegräbnis; er wurde auf dem Inser Friedhof beigesetzt. Auf seinem Grabstein steht der Hiob-Spruch: «Im Alter wirst du zu Grabe kommen, wie die reifen Garben eingeführt werden zu ihrer Zeit.» Rolf Witschi (rw)

Weitere Texte finden Sie in der Datenbank «Regionales Gedächtnis»:
– Porträt von Anna Haller

1881–1918 Alltag

Alltagswelten
Zwischen Reform und Geschäft

In den, um die Jahrhundertwende entstehenden Konsumgenossenschaften, konnten auch ärmere Bevölkerungsschichten Artikel des täglichen Bedarfs zu erschwinglichen Preisen erstehen. Hier ein Laden in Lengnau kurz nach 1900.

«Je enger die Röcke, desto breiter die Hüte.» Fanny Chappuis und ihre Hüte um 1910.

Bedeutende Reformbewegungen, die in Ansätzen schon seit dem 18. Jahrhundert bekannt waren, setzten sich in dieser Epoche des «Fin de Siècle» nachhaltig durch und revolutionierten Mode und Wohnen. Es waren Reformen und Forderungen auf dem Gebiet der Gesundheit und der Hygiene, der Kunst, des Kunsthandwerks und der Frauenkleidung.
Um die Tuberkulose zu bekämpfen, jene ansteckende Krankheit, die um die Jahrhundertwende in Europa die meisten Todesopfer forderte, intensivieren Behörden, Ärzte und Pädagogen die Aufklärung über Hygiene. Auch Haus-

Der Bieler Sparkocher
«Das sind mehrere Kasserollen übereinander. In die unterste kommt Wasser oder Suppe, und dann werden je nach Bedürfnis die einzelnen Gerichte in die nötige Anzahl Kasserollen gebracht. Kocht die Flüssigkeit im untersten Gefäss, so teilt sich die Hitze durch eine sinnreiche Vorrichtung auch dem ganzen Aufsatze mit.» Mit diesen Worten beschreibt Emma Coradi-Stahl, die erste eidgenössische Expertin für den hauswirtschaftlichen Unterricht, 1911 diesen Dampfkochapparat.
Er wurde von der 1908 in Biel gegründeten Aluminiumwarenfabrik Küng, Sigg & Co. hergestellt. Die Firma hat Biel 1917 verlassen und ist heute unter dem Namen Sigg AG, Frauenfeld, bestens bekannt.

Bürgerliches Wohnen im Jugendstilinterieur. Erker im Hause Mühlebrücke 8.

Wohnen im grossbürgerlichen Interieur. Ehemaliger Salon im Blöschhaus.

haltsbücher übernehmen eine wichtige Erziehungsarbeit für Sauberkeit, Hygiene und Gesundheit. So schreibt Emma Coradi-Stahl in ihrem 1902 erschienenen Buch «Wie Gritli haushalten lernt» zu Recht: «Der Staub ist ein Gift; Staub schlucken ist langsamer Selbstmord.» Die Folgen für die Wohnung sind absehbar: Vermeidbare Staubfänger wie Teppiche, textile Wandbehänge, Draperien, schwere Vorhänge – alles Lieblingselemente der vorangegangenen Epoche – und rohes Holzwerk, werden ersetzt durch Linoleum, abwaschbare Tapeten, Rollos und Faux-bois-Malereien auf Holz.

Die Angst, sich schlafend, atmend zu infizieren, hat die Funktionstrennung der Räume in Wohn- und Schlafzimmer endgültig durchgesetzt. Namentlich das Elternschlafzimmer ist am Tage tabu, es wird nicht mit Strassenschuhen und -kleidern, die schmutzig, d. h. infiziert sein könnten, betreten. Die Architekten orientieren es nach Osten, damit die aufgehende Sonne die Keime im Bettzeug desinfizieren kann. Der Haushaltunterricht gibt Anweisungen über das Lüften und Reinigen aller Küchen- und Wohnungsgegenstände.

Aus Angst vor den krankmachenden Miasmen, den übel riechenden Dämpfen, die von den Fäkaliengruben aufsteigen, wird die Toilette in den Hof oder auf die Laube verbannt. Dank der Erfindung des Siphons kommt sie allmählich ins Innere, zunächst ins Treppenhaus, später neben die andere Nasszelle, die Küche. Körperpflege wird propagiert, öffentliche Bäder und Duschanlagen in den Schulen werden gebaut, doch muss man noch bis in die 1950er-Jahre warten, bis für jede neue Wohnung ein Badezimmer eingeplant wird.

Von der englischen Arts-and-Crafts-Bewegung geht seit 1860 die Kritik an den industriellen Massenprodukten des täglichen Lebens aus. Jugendstil, Art nouveau, Künstlersezessionen,

1881–1918 Alltag

Was ist ein Wannenmacher?
Ältere Bielerinnen und Bieler bezeichnen mit dem Wannenmacher einen transportablen Ofen aus einem Metallrahmen mit eingesetzten, oft reich verzierten Kacheln, auf denen neben einfachen Ornamenten auch Jugendstil-Schwertlilien, heimisches Edelweiss oder gar das Schloss Chillon dargestellt werden konnten. Mit diesen Wannenmachern und langen Ofenrohren konnte jede Stube beheizt werden.
Die Firma Wannenmacher & Co., die den Öfen ihren Namen gegeben hat, befand sich an der Seestrasse, heute Aarbergstrasse.

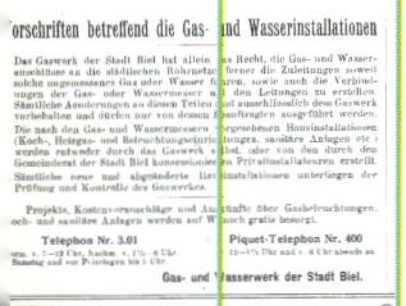

Heimatstil und Heimatschutz, Wiener Werkstätten, Werkbund u.a. stehen für Reformbestrebungen in Kunst, Kunsthandwerk und Architektur. Das handwerklich solide Möbel, Objekte in einfachen, schönen und wahren Formen, sollen den Menschen umgeben, nicht Stilkopien vergangener Epochen.

1897 wird in Deutschland der Allgemeine Verein zur Verbesserung der Frauenkleidung gegründet. Im England des späten 18. Jahrhunderts, während der Französischen Revolution, und zu wiederholten Malen im 19. Jahrhundert, machten bereits Sozialreformer, Vertreter der Frauenemanzipation, Künstler und Ärzte den Versuch, die Frauen vom Korsett zu befreien. Doch erst die Anforderungen der neuen Arbeitswelt in Büro und Verkauf und die Entbehrungen des Ersten Weltkriegs verhalfen der Reformbewegung nachhaltig zum Durchbruch.

Von der Tournüre zur S-Linie (Busen raus, Bauch rein, Gesäss raus), von der S-Linie mit Glockenröcken zum schmalen Rock; und je enger die Röcke in den Jahren vor dem Krieg werden, umso grösser werden die Hüte.

Die Frauenkleider werden bis zur Jahrhundertwende fast ausschliesslich von Störschneiderinnen genäht; die Mode auf Figur lässt Konfektion ab Stange kaum zu. Erst «Rock und Bluse» und die locker fallenden Reformkleider fördern die Damenkonfektion. (ie)

«Alltagswelten» lesen Sie weiter auf Seite 104.

Fräulein Ida Neuhaus 1907. Gerader Mantel über nicht-tailliertem Kleid im Sinne der Reformbewegung «gesund – praktisch – schön».

Bad- und Wascheinrichtungen zu Beginn des 20. Jahrhunderts.

Die ersten Modegeschäfte

Mode-Accessoires, Stoffe oder Schuhe, kaufte man bis in die 1870er-Jahre entweder an Markttagen bei durchreisenden Händlern oder bei der etablierten Modistin, dem Schuhmacher oder den kleinen Händlern, die aber alle kein offenes Ladengeschäft, sondern nur ein Zimmer in irgendeinem Haus hatten, um ihre Waren feilzubieten.

«Zur Stadt Paris – grosses Kleidermagazin» ist während der Markttage 1856 im Hotel Jura an der Untergasse zu finden. Und im heutigen «Saint-Gervais», an der Untergasse 21, bot die «Französische Kleiderhalle» 1877 für einige Tage Herren- und Knabenkonfektion an; weitere temporäre Verkaufslokale für Modeartikel, Stoffe und Konfektion waren das Erdgeschoss der «Alten Krone» und des «Weissen Kreuz».

Im Verlauf der 1870er-Jahre entstanden an Markt- und Nidaugasse die ersten permanenten Ladengeschäfte, und seit den späten 1880er-Jahren etablierten sich an der Nidaugasse die ersten Warenhäuser: Tanner, Werthenschlag, Zur Stadt Paris (Bernheim), Zur Stadt Mülhausen (Gebr. Hess) und weitere mehr. Und die Warenhäuser haben erstmals auch Damenkonfektion angeboten, die langfristig die Stör- und Hausschneiderin überflüssig machte.

Weitere Texte finden Sie in der Datenbank «Regionales Gedächtnis»:
- **Mode und Arbeit**
- **Von der Abtrittgrube zur Kanalisation**
- **Porträt von Theodor Kocher**

1881–1918 Alltag

Der Jungburschenkrawall von 1918

Nein, die kleine siebenjährige Lotti Engelberger wollte es nicht begreifen, weshalb ihre Eltern mit einem Mal besorgte Gesichter aufsetzten und am späten Nachmittag unverhofft ihre Gastwirtschaft «Simplon» an der Ecke von Schmiedengasse und Rathausgässli schlossen. Aber Auskunft wollten sie der Kleinen auch nicht geben. Lotti und ihre Schwestern wurden nach oben in die Wohnung im ersten Stock geschickt. Es war ein heisser Julitag, der nun sachte in einen schwülen Abend überging. Die Mädchen drängten sich ans Fenster und schauten zum Burgplatz hinüber, wo sich Menschen angesammelt hatten. Polizei befand sich dort, die Feuerwehr, und auch Soldaten in blauen Uniformen. Die Kinder sahen erstaunt, wie überall bei den Geschäften eilends die Rollläden heruntergelassen und Fensterläden geschlossen wurden. Beim «Bääsetööri» hatten sich einige junge Leute zusammengerottet. Die Menschen schienen aufgeregt, als ob sie auf etwas warteten. Es lag ein dumpfer, bedrohlicher Ton in der Luft, als grolle irgendwo entfernt ein schweres Gewitter. Die kleine Lotti war aufgeregt und wollte wissen, was denn da Seltsames im Gang sei. Aber die Mutter befahl den Kindern, in den Hintergrund der Wohnung zu kommen. Der Ton draussen hatte sich nun zu vielstimmigem Rufen und Schreien gewandelt, manchmal

Die Augenzeugin
Charlotte Engelberger wurde 1911 geboren und starb 1998. Sie ist vermutlich die letzte jener Augenzeugen gewesen, die diesen Aufstand der so genannten «Jungburschen» und auch der städtischen Angestellten gegen die ungerechte Lebensmittelverteilung der Behörden vom 8. Juli 1918 noch selber miterlebt hat und darüber zu berichten wusste. Die Narbe jedoch, die sie von dem beschriebenen Steinwurf davongetragen hatte, zeigte sie mit besonderem Stolz, wie ein altgedienter Soldat als «Souvenir» dieses legendären Krawalls, an dem ungefähr drei- bis vierhundert Leute teilgenommen hatten (siehe auch Seite 82 ff.).

schien es, als überschlage es sich in einem Aufheulen. Dann wiederum glich es dem bedrohlichen Grollen eines wilden Tieres. Und nun sah die kleine Lotti, die sich unbemerkt ans Fenster geschlichen hatte, fasziniert zu, wie eine Menschenmenge, Männer wie Frauen, von der Mühlebrücke her kommend, sich über den Burgplatz wälzte und vor dem Rathaus, in dem gerade eine Stadtratsitzung begonnen hatte, innehielt. Vor dem Eingang des Rathauses standen Soldaten, Gewehre in den Händen. Jetzt brandeten drohende Schreie aus der Menge zu den geschlossenen Fenstern des Stadtratsaales empor. Lotti verstand nicht, was die Menschen riefen, aber als sie plötzlich gestreckte Arme sah, die zum Wurf ausholten, begriff sie, was geschah: Die Menschen auf dem Platz warfen die Fensterscheiben des Rathaussaals mit Steinen ein. Nun begann die Feuerwehr Wasser in weiten Kaskaden über die brüllende Menge zu spritzen. Doch die wütenden Menschenmassen wichen nur kurzfristig zurück, dann warfen sie sich erneut gegen die Soldaten und die Feuerwehr. Bis Schüsse ertönten. Die Soldaten hatten auf Befehl in die Luft gefeuert. Die Leute auf dem Platz rannten, von Militär und Polizei verfolgt, in Richtung Rathaus- und Untergässli davon. Einige flüchteten auf die Kirchenplattform. Unterhalb des Hauses sah Lotti entsetzt, wie Leute mit Stangen, Knüppeln, Dachlatten, Gewehrkolben oder was sie sonst gerade in den Fäusten hielten, einander blutig prügelten. Das Gesicht an die Fensterscheibe gepresst, blickte das Mädchen auf die kämpfenden Menschen im Rathausgässli hinunter. Da zerschlug klirrend ein Stein die Fensterscheibe! Die kleine Lotti fühlte es plötzlich warm über ihre Wange rinnen. Als sie mit ihrer Hand darüber strich, rötete sich diese augenblicklich vom strömenden Blut. Das war das letzte Bild, das die kleine Lotti Engelberger vom legendären Jungburschenkrawall in sich aufnahm, bevor ihre Mutter sie tröstend in die Arme schloss.   Urs Karpf (uk)

1881–1918 Politik und Presse

Deutsch und Welsch

Leben wir in unserem viersprachigen Land miteinander, nebeneinander, gegeneinander? Oder leben wir uns auseinander? Manche Beobachter fürchten, die Schweiz werde in Sprachblöcke auseinander fallen.

Sprachen sind Welten. Schon Wilhelm von Humboldt hatte festgestellt: «Ihre Verschiedenheit ist nicht eine von Schällen und Zeichen, sondern eine Verschiedenheit der Weltansichten selbst.» Sprachen haben ihre Architektur, ihre inneren Gesetze, ihre Möglichkeiten und Grenzen. Vor allem sind sie Ausdruck eines kollektiven Bewusstseins, verschieden nach Geschichte, Psychologie und Politik; jede Sprache bietet eine andere Weltschau, eine andere Weltanschauung. Dass ein «Bund verschiedener Welten», wie unser Land, Jahrhunderte überdauert, ist jedenfalls bemerkenswert.

Wie wurde die Schweiz viersprachig? Zu Beginn unserer Zeitrechnung verbreitete sich im keltischen, nun römisch gewordenen Helvetien das Lateinisch als universelle Verkehrssprache. In der Völkerwanderung (französisch: invasion des Barbares!) liess sich vorerst der Germanenstamm der Burgunder in der heutigen Westschweiz und in Savoyen nieder und nahm die römische, romanische Sprache an, aus der sich das Französisch entwickeln sollte. Ein anderer Germanenstamm, jener der Alemannen, drang später von Osten her in Helvetien ein – und blieb bei den urtümlichen Rachenkrachlauten. Um das Jahr 1000 lagen die Sprachgebiete weitgehend fest.

Die Tagsatzung der alten Eidgenossenschaft sprach deutsch. Doch um 1500 hatte sich vorerst Uri den Südzugang zum Gotthard gesichert, die mächtige

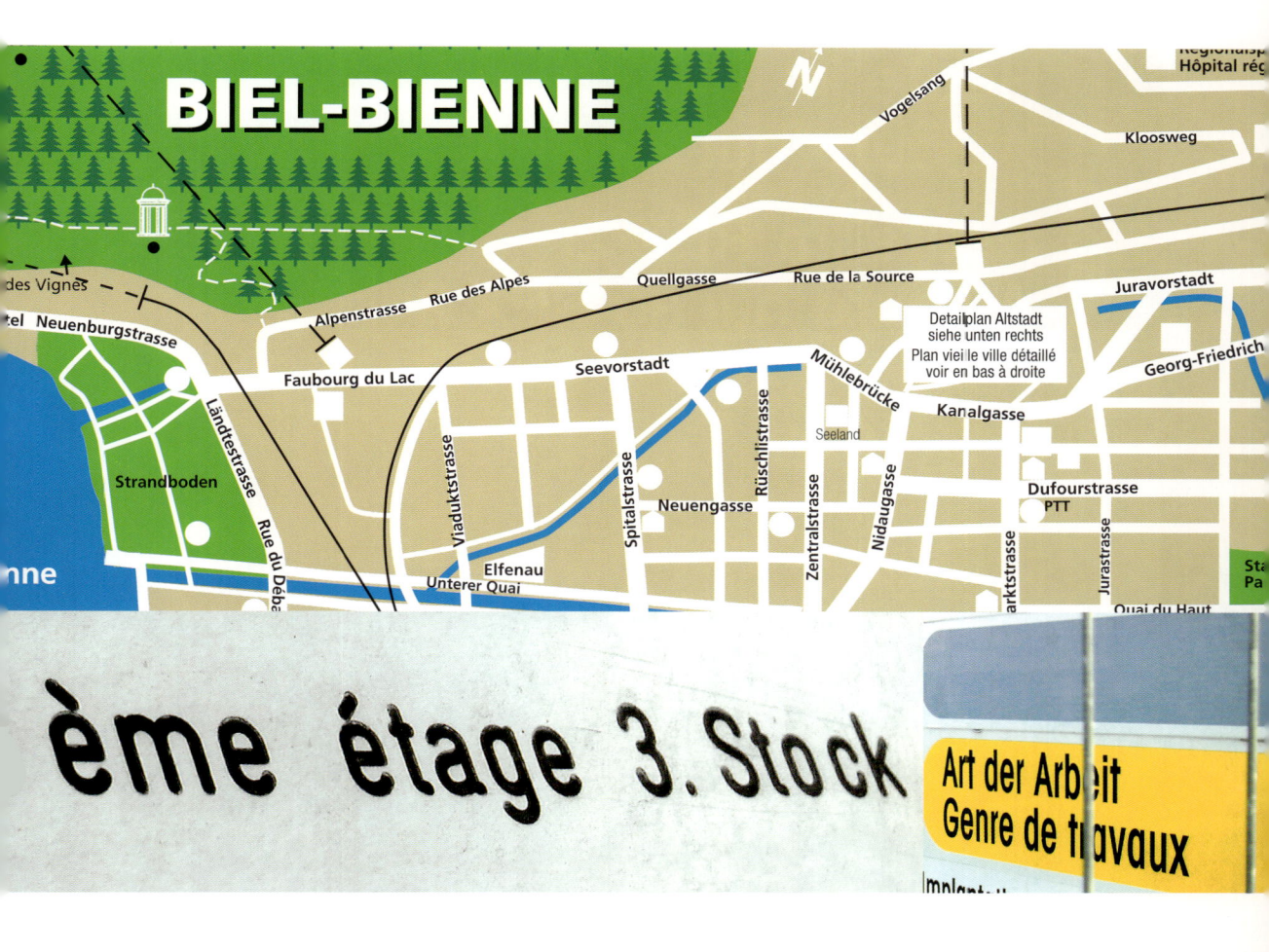

Stadtrepublik Bern eroberte das Gebiet um Aigle (Aelen) und dann den Hauptteil des Waadtlands: Die Schweiz war mehrsprachig geworden, Herzland und verkleinertes Abbild des römisch-deutschen Reichs, aus dem sie sich schrittweise herauslöste. Doch nur Untertanen und zugewandte Orte waren französisch- oder italienischsprachig. Erst nach der Revolution in Frankreich wurden diese beiden romanischen Sprachen gleichberechtigt (das Bündnerromanische wurde erst 1938 anerkannt).

In unserem Jahrhundert sprach man wiederholt von einem «Graben» (fossé). Im Ersten Weltkrieg schlug das Herz der Romands für Frankreich und die Alliierten, während viele Deutschschweizer, zumindest anfänglich, im Geist an der Seite des preussisch-deutschen Kaisers marschierten. Schon Ende 1914 mahnte deshalb der spätere Nobelpreisträger Carl Spitteler die Deutschschweizer in einer Rede mit dem Titel «Unser Schweizer Standpunkt» mit einem Seitenblick auf Deutschland: «Alle, die jenseits der Landesgrenzen wohnen, sind unsere Nachbarn, und bis auf Weiteres gute Nachbarn, alle, die diesseits wohnen, sind mehr als nur Nachbarn, nämlich unsere Brüder.» Unser

1881–1918 Politik und Presse

mehrsprachiges Land bilde eine Schicksalsgemeinschaft, erklärte Spitteler, und rief zur Verständigung auf.

Im Vorfeld des Zweiten Weltkriegs war die Zuneigung zu den Nachbarvölkern weitgehend verschwunden: Einzig Frankreich konnte (bis zu seiner Niederlage) nicht als Bedrohung empfunden werden. Heute hegt die deutschschweizer Mehrheit zu den Romands viel Sympathie, die zwar nicht immer erwidert wird. Doch wie die Europa-Abstimmung vom Dezember 1992 zeigte, sind die Romands überzeugtere Europäer: Ihre Sprache öffnet Fenster und Türen zur Welt, besonders auch zur Dritten Welt.

Tatsächlich sind heute viele trennende Kräfte am Werk, so:
- die wirtschaftliche Entwicklung: Immer mehr Entscheidungszentren verlagern sich ins «Goldene Dreieck» um Zürich;
- die Globalisierung der Wirtschaft verschafft dem Englischen eine Vorzugsstellung und vermindert das Interesse am Erlernen einer zweiten Landessprache;
- die Medien: Das Fernsehen betont die Identität jeweils einer Sprachregion, weniger die nationale Identität. In sprachregionaler Richtung entwickelt sich auch die Presse.

Doch nach wie vor wirken auch verbindende Kräfte:
- die Vielfalt der Schweiz bildet die beste Garantie für den inneren Zusammenhalt. Grenzen zwischen Stadt und Land, Katholiken und

Protestanten, zwischen reicheren und ärmeren Gebieten, durchschneiden die Sprachgrenzen kreuz und quer;
– die Westschweiz stimmt selten geschlossen. «Progressistisch» votieren – über die Sprachgrenze hinaus – oft nur die Kantone der Jurakette zwischen Genf und Basel. Allen Kantonen gemeinsam ist eine schweizerische politische Kultur; die Romands haben ähnliche Institutionen wie die Deutschschweiz. Politische Parteien, die Armee und zahllose Vereine verbinden Deutsch und Welsch.

Die Stadt Biel hat eine wichtige Aufgabe als Bindeglied. Jedenfalls muss sie – wie der frühere Stadtpräsident Guido Müller schrieb – «verhindern, dass das Nebeneinander zum Gegeneinander ausartet».   Marcel Schwander (ms)

Mit ihren zweisprachigen Programmen berücksichtigen die lokalen Radio- und TV-Stationen die Zweisprachigkeit der Region Biel, Seeland und Berner Jura. Radio Canal 3 und TeleBielingue setzen damit in den neuen Medien eine Bieler Tradition fort. Bereits seit Jahrzehnten halten sich die Printmedien an das Motto: «Eine Region, zwei Sprachen».

Weitere Texte finden Sie in der Datenbank «Regionales Gedächtnis»:
– Porträt von Carl Spitteler

1881–1918 Politik und Presse

Als in Biel alle Räder still standen: Der Landesgeneralstreik von 1918

Generalstreik in Grenchen. Soldaten bewachen einen einfahrenden Zug, damit er von den Streikenden nicht aufgehalten wird.

Aktionskomitee von Sozialdemokraten und Gewerkschaftern
1918 lagen die Preise für Lebensmittel, Kleider und Heizmaterial um das Zweieinhalbfache über dem Stand von 1914. Die Löhne aber waren im Schnitt nur um 79 Prozent gestiegen. Die schwindende Kaufkraft, und die schlechte Versorgung mit Gütern des täglichen Bedarfs, veranlassten die Sozialdemokratische Partei der Schweiz und den Schweizerischen Gewerkschaftsbund, im Februar 1918 in Olten ein gemeinsames Aktionskomitee zu bilden. Dieses verlangte vom Bundesrat Gegenmassnahmen.

In Biel gab es Ende Juni einen Streik der schlecht bezahlten städtischen Arbeiter und eine Hungerdemonstration. Anfang Juli führte eine zweite Hungerdemonstration zu einem Krawall, der mit einem Toten endete. Die Stadt wurde militärisch besetzt (siehe auch Seite 76f.).

Landesweiter Proteststreik
Ein Schweizerischer Arbeiterkongress Ende Juli ermächtigte das Oltener Aktionskomitee, beim Scheitern der Verhandlungen den Generalstreik auszurufen. Der Bundesrat machte dann gewisse Zugeständnisse.

Anfang November wollten in Zürich Arbeiterorganisationen den ersten Jahrestag der Russischen Revolution feiern. Um Ausschreitungen vorzubeugen, liess der Bundesrat die Stadt von Armeetruppen besetzen. Dies empfand die radikale Arbeiterschaft als schwere Provokation. Das Oltener Aktionskomitee rief zu einem eintägigen Proteststreik in den wichtigen Industriestädten der Schweiz auf.

Die Bieler Gewerkschaftspräsidenten wollten nicht mitmachen: die Aufforderung sei zu kurzfristig ergangen. Unter den Mitgliedern der Bieler Arbeiterunion waren die Meinungen geteilt. Die Stadtarbeiter jedoch beschlossen zu streiken, und die übrige Arbeiterschaft aufzufordern, sich ihnen anzuschliessen. Die Trams blieben im Depot. Und die meisten Arbeiter liessen sich überzeugen, die Arbeit niederzulegen.

Aufruf zum Landesgeneralstreik

Obschon der Proteststreik gesamtschweizerisch ein Erfolg war, wollte der Bundesrat die Truppen nicht aus Zürich abziehen. Da rief das Oltener Aktionskomitee zum unbefristeten Landesgeneralstreik auf. Es stellte neun Forderungen auf: sofortige Neuwahl des Nationalrates nach dem Proporzsystem, Frauenstimmrecht, allgemeine Arbeitspflicht, 48-Stunden-Woche, Umwandlung der Armee in ein Volksheer, Sicherung der Lebensmittelversorgung, Alters- und Invalidenversicherung, Staatsmonopol für Import und Export, Tilgung der Staatsschulden durch die Besitzenden.

In Biel bildete das Aktionskomitee des Kartells der Städtischen Arbeiter die Streikleitung. Daneben gab es ein Streikkomitee der Bieler Eisenbahner. Die Eisenbahner hatten als Angestellte eines «kriegswichtigen» Bundesbetriebes kein Streikrecht. In Biel standen sie trotzdem grösstenteils hinter dem Streikbeschluss.

Am Morgen des 11. November traf die Nachricht vom Ende des Ersten Weltkrieges ein. Am Nachmittag wurde der Aufruf zum Generalstreik bekannt. Am Abend besammelten sich die Mitglieder der Arbeiterorganisationen auf dem Neumarktplatz, um den Streikbeginn am nächsten Tag vorzubereiten.

Trotz Streikbrechern und Soldaten gelingt es den Streikenden, ausserhalb des Bahnhofs einfahrende Züge aufzuhalten.

1881–1918 Politik und Presse

Erster Streiktag: alles geschlossen

Jene Geschäfte, die öffneten, wurden von den Streikenden geschlossen, mit Ausnahme der Lebensmittelläden. Ebenso erzwangen die Aktivisten die Schliessung der Wirtschaften ausserhalb der Essenszeiten. Desgleichen veranlassten sie die Seilbahnen Biel-Magglingen und Biel-Leubringen, den Betrieb einzustellen. Auch forderten sie die wenigen Arbeitswilligen in ein paar Uhrenateliers und in anderen kleineren Betrieben auf, den Arbeitsplatz zu verlassen. Am Mittag versuchten Streikbrecher, unter dem Schutz von Soldaten, einen Zug aus Delsberg in den Bahnhof zu führen. Eine grosse Menschenmenge blockierte jedoch die Schienen. Wenig später wurde ein Zug aus Bern von Frauen einer Arbeitersiedlung gestoppt: sie wälzten schwere Trottoirsteine auf die Schienen. Streikende verabreichten Lokomotivführer, Heizer und Oberzugführer eine gewaltige Tracht Prügel.

Polizei und Militär waren ausserstande, Wirten oder Fabrikanten, die Schutz anforderten, zu helfen. In Madretsch zündeten Mitglieder der sozialdemokratischen Jugendorganisation einen Wagen mit Heu für das Militär an.

Zweiter Streiktag: das Militär besetzt die Stadt

Am nächsten Tag marschierten die Truppen, die der Bundesrat aufgeboten hatte, auch in Biel ein. Streikende hielten einen aus Neuenburg einfahrenden Militärzug auf. Nachdem die Offiziere einige Aktivisten hatten festnehmen lassen, konnte das Militär die Durchfahrt erzwingen. Die starke Besatzungsmacht brachte die Stadt ohne weiteres unter ihre Kontrolle. Der Platzkommandant versprach den Arbeitswilligen Schutz. Die meisten Geschäfte öffneten wieder. Die Streikenden beharrten lediglich auf der Schliessung der

Des Streikbrechers letzte Fahrt.

Nationalräte aus Biel und dem Jura treffen unter militärischem Schutz in Biel ein.

Wirtshäuser. Am Nachmittag gelang es ihnen noch, für kurze Zeit die Hauptpost lahm zu legen.

Für den Abend rief das Streikkomitee zu einer Kundgebung auf dem Neumarktplatz auf. Die Bürgerlichen organisierten eine Gegendemonstration am selben Ort.

Bereits am Vormittag hatte der Bundespräsident vom Oltener Aktionskomitee ultimativ den Abbruch des Generalstreiks verlangt. Dies, nachdem am Vortag die ausserordentlich einberufene Bundesversammlung die Forderungen des Komitees zurückgewiesen hatte. Obschon in den Industriestädten geschlossen gestreikt wurde, fühlte sich das Komitee landesweit zu wenig getragen. Zu später Stunde legte es das Ende des Generalstreiks auf Mitternacht des nächsten Tages fest. Es begründete den Streikabbruch mit der «Macht der Bajonette» und der mangelnden Unterstützung durch die Eisenbahner in anderen Teilen des Landes.

Dritter Streiktag: letzte Aktionen und eine Schussverletzung

Als am Mittag ein Zug aus Bern heranfuhr, in dem die von der Sondersession heimkehrenden Bieler und Jurassier Nationalräte sassen, wurde er von zornigen Eisenbahnern und anderen Streikenden angehalten. Einer der drei Soldaten, die im Führerstand den Lokomotivführer beschützten, geriet ob den Drohgebärden aus dem Volk in Panik und gab einen Schuss ab. Ein Eisenbahner wurde am Arm getroffen.   Stefan Rohrbach (sr)

1881–1918 Politik und Presse

Verlag und Druckerei Gassmann
Die Zeit der Maschinen bricht an

1896 übernahm Willy Gassmann (1873-1935) den Betrieb. Ab 1904 publizierte er die deutschsprachige Zeitung täglich. Die Stadtausgabe trug nun den Titel «Bieler Tagblatt», während die Ausgabe für die umliegenden Orte weiterhin «Seeländer Bote» hiess.

1892, erst 47-jährig, starb Wilhelm Gassmann. Er hatte in seiner erfolgreichen Laufbahn aus einem bescheidenen Betrieb ein grosses Unternehmen geformt.
Die Leitung der Buchdruckerei und des Verlags ging nun an Wilhelms Witwe, Rosalie Gassmann-Balmer über, die das Unternehmen über einige Jahre erfolgreich weiterführte. Im Frühjahr 1896 übernahm ihr ältester Sohn Willy das Geschäft. Er suchte rasch nach weiteren Entwicklungsmöglichkeiten für das nun fest in Biel, im Seeland und in Teilen des Juras verankerte Unternehmen. Schon 1899 bezogen der Verlag und die Druckerei neue Gebäude an der Freiestrasse 11. Der von den Zeitgenossen als «Buchdrucker mit Leib und Seele» beschriebene Willy Gassmann modernisierte ebenfalls die technischen Einrichtungen der Druckerei. Als zweites Exemplar dieser Art in der Schweiz, liess er 1898 eine Setzmaschine installieren. Es sei kein leichtes Unterfangen gewesen, die in tausend Einzelteilen angelieferte, in Holzkisten verpackte, und nur von einer englischen Gebrauchsanleitung begleitete amerikanische «Simplex Lynotype Mergenthaler» zu montieren. 1907 wurde zudem die erste Rotationsmaschine mit dem

«Seeländer Bote» vom 3. Mai 1890:
«Ligerz. Vorigen Mittwoch fuhren Arbeiter (…) auf einem mit zirka 200 Zentnern Erde beladenen Schiff nach der Insel. Plötzlich erhob sich ein heftiger Sturm und die Leute, die Unmöglichkeit weiter zu fahren einsehend, wollten umkehren und das etwa 60 Meter entfernte Ufer zu gewinnen suchen. Da – ein neuer Windstoss, und in der nächsten Minute lag das Fahrzeug samt Ladung auf dem Grund des Sees. Die Arbeiter schwammen (…) gegen das Ufer zu, von wo ihnen bald Hülfe gebracht wurde.»

Rosalie Gassmann-Balmer führte nach dem Tode ihres Gatten Wilhelm Gassmann den Verlag und die Druckerei von 1892 bis 1896.

Die Druckerei im 19. Jahrhundert. Mitarbeiter des «Seeländer Boten» 1887.

«Journal du Jura» 1879: Seit 1871 brachte Wilhelm Gassmann das «Journal du Jura» täglich heraus.

ganzen technischen Zubehör für die Stereotypie aufgestellt. Mit diesen Innovationen konnten nun die Druckgeschwindigkeit, und damit die Auflage, gesteigert werden. Das war auch dringend nötig, da seit 1904 auch der «Seeländer Bote» täglich erschien. Nachdem sich Willy das Recht für den Titel des 1863 gegründeten, und seit 1898 sozialdemokratisch geprägten «Tagblatt der Stadt Biel» gesichert hatte, gab er der deutschsprachigen Tageszeitung nun den Titel «Bieler Tagblatt» für die Stadtausgabe, während die Ausgabe für die umliegenden Orte weiterhin «Seeländer Bote» hiess. Da Willy Gassmann ebenfalls das Verlagsrecht der «Seeländer Nachrichten» und des «Bieler Stadtanzeigers» erlangte, ergab sich jetzt eine starke Zentralisation der Bieler Presse.

Willy machte während des Ersten Weltkriegs keinen Hehl daraus, wo seine Sympathien lagen. Sein Neffe, und späterer Chef des Verlages, auch ein Willy, berichtete darüber folgendes: «Während des Ersten Weltkrieges vegetierte die Zeitung dahin. Wir verloren Abonnenten. Das hatte Gründe: mein Onkel war ein Freund der Alliierten. Er liess nicht einmal den deutschen Wehrmachtsbericht im ‹Seeländer Boten› abdrucken. Ausgerechnet in einer Zeit also, als sich in der Schweiz eine gewisse Deutschfreundlichkeit bemerkbar machte.»
(mn)

«Verlag und Druckerei Gassmann» lesen Sie weiter auf Seite 116.

Weitere Texte finden Sie in der Datenbank «Regionales Gedächtnis»:
– Auch die Bieler fühlen den Puls der Geschichte: der Ausbruch des Ersten Weltkriegs
– Porträt von Gottfried Reimann
– Porträt von Eduard Müller

1919–1945 Wirtschaft und Gesellschaft

Welt der Industrie
Die Krisen in der Zwischenkriegszeit

Blick in die Verpackerei der Seifen- und Sodafabrik der Gebrüder Schnyder & Cie AG in der Zwischenkriegszeit.

Nach dem Wachstums- und Modernisierungsschub um die Jahrhundertwende geriet die Berner Industrie gleich zweimal in eine heftige Krise. Zunächst war es der allgemeine Währungszerfall nach dem Ende des Ersten Weltkrieges, der besonders der Uhrenindustrie in Biel und im südlichen Jura schwer zusetzte; der hohe Frankenkurs machte zusammen mit strukturellen Problemen die Konkurrenzfähigkeit zunichte und führte in Uhrenbetrieben, die in der Kriegszeit teilweise auf die Produktion von Munition umgestellt hatten, zu hohen Arbeitsplatzverlusten. Noch massiver waren die Auswirkungen der 1929 einsetzenden Weltwirtschaftskrise, welche die Arbeitslosenzahl in Biel auf über 5000 hochschnellen liess.

Zwar traten in der Zwischenkriegszeit auch im Seeland und im südlichen Jura (Schüpfen, Büren, Sankt-Immer) Krisenerscheinungen im industriellen Sektor zutage, doch grundsätzlich gewann die Industrie in der gesamten Region weiter an Bedeutung. In Lyss, wo sich bereits nach der Jahrhundertwende eine Reihe von Firmen aus dem Metall- und Uhrensektor angesiedelt hatte, setzte sich das industrielle Wachstum besonders in den Zeiten der Kriegswirtschaft kontinuierlich fort, wobei der Schwerpunkt im Maschinenbau lag. Auch in Biel und im südlichen Jura, wo die Uhrenindustrie noch immer dominierte, fassten in der Zwischenkriegszeit neue Betriebe Fuss, so die Emaillerie SA in Corgémont und die Schokoladenfabrik Bloch in Courtelary. In Biel entstanden mit dem Automontagewerk General Motors, das sich 1935 auf städtische Initiative hin ansiedelte, und dem Werk Mett der Vereinigten Drahtwerke die ersten grossflächigen Industriebetriebe.

Die Wirtschaftskrise 1930 bis 1936 förderte in Biel wie im Jura die Diversifizierung der einseitig auf die Uhrenproduktion ausgerichteten Industrie und trieb gleichzeitig die

Konzentration im Uhrensektor voran. 1930 verbanden sich Unternehmen der Bieler Uhrenindustrie, mit Omega und Tissot an der Spitze, zur Société suisse pour l'industrie horlogère (SSIH), 1931 entstand mit der Allgemeinen schweizerischen Uhrenindustrie AG (Asuag) ein weiteres Konglomerat von Uhrenbetrieben. Die Sanierungsbemühungen wurden unterstützt durch Massnahmen des Bundes, der 1934 die Eröffnung von Uhrenbetrieben sowie den Uhrenexport einer öffentlich-rechtlichen Bewilligung unterstellte und damit einen umfassenden staatlichen Interventionismus einleitete. Letztlich halfen die 1936 beschlossene Abwertung des Frankens und der Durchbruch der Sozialpartner zum «Arbeitsfrieden» 1937 auch der Uhrenindustrie in Biel aus dem wirtschaftlichen Tief heraus. (dw)

«Welt der Industrie» lesen Sie weiter auf Seite 118.

Das Bözingenfeld, wo heute Industrie- und Dienstleistungsbauten dominieren, diente von 1927 bis 1963 als Flugplatz der Stadt Biel.

Wohnbevölkerung im Südjura (ohne Amtsbezirk Laufen)

Amtsbezirk	Courtelary	Moutier	La Neuveville
1700	5251	4398	2549
1798	8795	4914	2383
1850	16 406	7602	3837
1880	24 879	11 092	4436
1920	26 093	18 878	4546
1960	25 536	24 427	5045
1980	22 606	23 737	5319
1990	22 222	23 207	5416

Mit dem technischen Fortschritt entstanden auch neue Berufe. Hier die alte «Stöpsel»-Telefonzentrale in Lengnau um 1935.

Infolge des langfristigen Absinkens der Sterblichkeit zu Beginn des 19. Jahrhunderts wuchs auch im Südjura die Bevölkerung schnell. Der Anschluss an das europäische Eisenbahnnetz 1858 (Durchstich des Hauensteintunnels) begünstigte die räumliche Mobilität von Menschen und Gütern. Es wurde vermehrt Kohle importiert, was zu einem Industrialisierungsschub (z. B. Metall- und Maschinenindustrie in Moutier oder Zementindustrie in La Reuchenette) und in dessen Folge zu einer Umschichtung der Bevölkerung führte. Der Konjunktureinbruch und insbesondere die Uhrenkrise im letzten Drittel des 20. Jahrhunderts liessen die Abwanderungsraten im Südjura steigen.

1919–1945 Wirtschaft und Gesellschaft

GM baute 329 864 «Automo-Biele»

Am 5. Februar 1936 verliess der erste in Biel montierte Wagen, ein Buick 8-Zylinder, das Fliessband.

Am 5. Februar 1936 verliess das erste in Biel montierte Auto das Fliessband des Montagewerks der General Motors Suisse SA: ein Buick 8-Zylinder. Am 15. August 1975 wurde das letzte «Automo-Biel» dem Pestalozzi-Dorf in Trogen geschenkt. Warum wurde gerade Biel von der damals grössten Autoherstellerin der Welt als Standort für ein Montagewerk ausgewählt? Weshalb wurde das Montagewerk nach vierzig Jahren Betrieb geschlossen? Für die Montage von Autos in Biel gab es in der Mitte der Dreissigerjahre günstige Voraussetzungen: Die Stadt litt wegen der zu 95% exportabhängigen Uhrenindustrie mehr als andere Regionen in der Schweiz unter der

Opel Suisse SA heute

Heute importiert und vertreibt die zu Opel Suisse SA umbenannte GM jährlich rund 38 000 Fahrzeuge der Marke Opel sowie Ersatzteile und Zubehör. Das Unternehmen beschäftigte Mitte 1999 130 Personen und erzielte im letzten Jahr vor der Jahrtausendwende einen Umsatz von 957,7 Millionen Franken. Das Zentrum eines sehr bedeutenden Autoimporteurs der Schweiz ist nach wie vor Biel. (jt)

Wirtschaftskrise (siehe auch Seite 94f.). Die solide Ausbildung nützte den Arbeitslosen nichts. 1933–1934 hatte die Krise ihren Höhepunkt erreicht, und der Bund erliess strenge Importrestriktionen, auch für Automobile. So musste der Markt jenen gehören, die im Lande produzierten.

Der damalige Stadtpräsident, Guido Müller, hörte 1934 von einer General-Motors-Delegation, welche die Frage einer Fabrikniederlassung in der Schweiz prüfte. Während der GM-Präsident in Genf sondierte, erreichte ihn ein Telefonanruf aus Biel. In gebrochenem Englisch sprach die Stimme knisternd aus dem Telefonhörer: «Biel braucht Ihre Fabrik, und wenn Ihnen die leer stehenden Werkstätten nicht passen, wird die Stadt auf ihre Kosten ein geeignetes Gebäude nach Ihren Wünschen aufstellen.» Bald darauf erschien die GM-Delegation in Biel. Die Männer versanken beim Betreten des regendurchnässten Areals bis zu den Knöcheln im Dreck. Und von dieser lehmigen Erde kratzte sich der GM-Präsident eine Hand voll von den Schuhen, legte sie auf Guido Müllers Tisch und sagte: «Hier bringe ich Ihnen die Erde, auf der wir unsere Fabrik bauen werden.» Das grosse Potenzial an «human resources» dürfte wohl den Ausschlag gegeben haben. Die Stadt konnte keine passenden leeren Fabrikräume anbieten, doch nahm sie, trotz Warnungen, alle Risiken auf sich. Ungeachtet der knappen Finanzen liess sie auf dem zur Verfügung gestellten Areal von 30 000 m^2 mit Gleisanschluss einen Neubau erstellen, den sie an die GM vermietete. Die Bieler Bürger stimmten dem Zweimillionenprojekt mit einem überwältigenden Mehr von 97% zu. Sie nahmen das Wagnis auf sich, das sich aus den auf fünf Jahre befristeten Import- und Zollvergünstigungen des Bundes ergab.

1919–1945 Wirtschaft und Gesellschaft

Die Zahl der Arbeitslosen in Biel sank von 1934 bis 1936 um 448 auf eine Rate von 19%. Den Löwenanteil der neuen Arbeitsplätze schuf das Bieler GM-Werk: Es stellte in dieser Zeit 317 Personen ein. Zu Recht wiesen die ihren Ruf pflegenden Amerikaner in ihren Publikationen auf weitere beschäftigungsfördernde Wirkungen des Montagewerks hin: Die «Verreries Saint-Christophe» in Lausanne lieferten Sekurit-Glas, Scintilla in Solothurn elektrische Ausrüstungen, Firestone in Pratteln die Reifen, Nova in Zürich Motorteile usw. Die Summe der Wertschöpfung in der Schweiz betrug etwa 65% des Preises ab Werk.

Schon im ersten, nur neun Monate dauernden Geschäftsjahr der GM-Niederlassung Biel wurden 969 Wagen zusammengebaut, und es sollten weitere, sehr erfolgreiche Jahre folgen. 1937 verliessen über zweieinhalbtausend Autos die Bieler Fliessbänder, und es waren in den folgenden Jahren stets über zweitausend, bis nach dem Ausbruch des Zweiten Weltkriegs der Bedarf an Autos drastisch zusammenbrach. Der Absatz stockte wegen Treibstoffmangels schon Ende 1939. Die letzten hundert Autos wurden als Bartergeschäft gegen Lebensmittel nach Bulgarien und Ungarn exportiert. Im Krieg stellte das Werk seine Produktion aber nicht ein, sondern um. Ein grosser Teil der Belegschaft leistete Aktivdienst in der Armee, und die nicht-mobilisierten Arbeitnehmer waren zum grossen Teil auch für die Armee tätig: Autosattler stellten Tornister her, Schweisser fabrizierten Munitionskisten, und es wurden Azetylengeneratoren zum Betrieb von Personenwagen entwickelt und gebaut. Andere reparierten SBB-Rollmaterial. Zudem war ein Teil der Gebäude an das Rote Kreuz vermietet. So gelang es der Firma, die Kriegsjahre ohne Verluste zu überstehen.

Nach dem Kriegsende kam die grosse Zeit für GM Suisse in Biel! Bereits 1949 wurden die Produktionszahlen der Vorkriegsjahre deutlich übertroffen, und was folgte, war mehr, als die kühnsten Träumer hofften. Von 1960 bis 1973 verliessen jährlich über 14 000 Autos die Bieler Fliessbänder. Im Rekordjahr 1969 waren es über 18 000! Erst die Rezession der Siebzigerjahre brachte einen deutlichen Umsatzrückgang. Sie war aber nicht der alleinige Grund für die Schliessung des Montagewerks im August 1975. Es waren die Auswirkungen der Efta-, Gatt- und EWG-Vereinbarungen mit dem Abbau von Zollpräferenzen für die importierten Montageteile, welche die wichtigste Voraussetzung für einen rentablen Betrieb des Werks entfallen liessen. Die Erdölkrise 1973, mit der daraufhin sinkenden Nachfrage nach hubraumstarken Autos, gab den Rest. Die GM Suisse SA montiert seit August 1975 keine Autos mehr.

Die von der Schliessung betroffenen Mitarbeiter wurden von der GM frühzeitig informiert. Kündigungsfristen wurden gestreckt, und die GM half sehr intensiv bei der Stellensuche. Aus der Pensionskasse wurden Freizügigkeitsleistungen erbracht, und es wurden Mitarbeiter ab 60 Jahren frühpensioniert. Der Sozialplan für die 450 Entlassenen war in der Folge für andere Unternehmen wegweisend. Die freigewordenen Fabrikationsgebäude wurden sektorweise an die Coop, die PTT sowie den Opel-Händler Merz & Amez-Droz verkauft. Im Dezember 1999 hat ferner das diAx Call Center in der ehemaligen GM-Lagerhalle an der Salzhausstrasse den Betrieb aufgenommen. (jt)

1975 wurde der letzte Wagen in Biel – ein Opel Rekord – montiert.

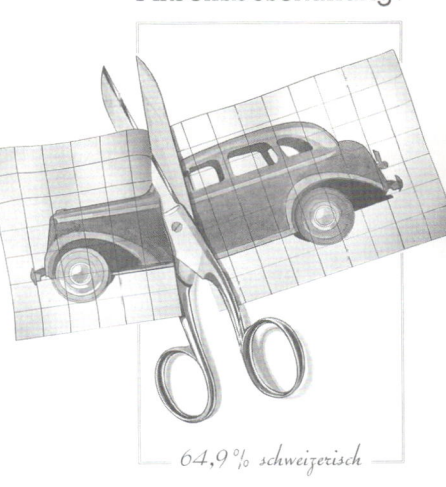

Der Opel GT debütierte 1968. Der hier gezeigte GT mit 1,9-Liter-4-Zylinder leistet 90 PS. Dieses Modell gehört heute zu den besonders gesuchten Liebhaberstücken.

1919–1945 Wirtschaft und Gesellschaft

Die grosse Krise der Dreissigerjahre

Vergeblich forderten gewerkschaftlich organisierte Arbeiter die Aufnahme von Handelsbeziehungen mit der UdSSR.

Biel erlebte schon 1921–1922 eine heftige Krise mit über 3000 Arbeitslosen. Bis 1928 schwankte die Zahl der Stellensuchenden dann zwischen ein paar Hundert und ein paar Dutzend. Die Wirtschaftskrise der Dreissigerjahre wurde durch den Börsenkrach vom Oktober 1929 in New York eingeleitet. In Biel stieg 1929–1930 die Zahl der Arbeitslosen stark an. Zuerst wurden Hunderte von Uhrenarbeitern entlassen, dann waren Metallindustrie und Baugewerbe betroffen, und schliesslich fast alle Teile der Volkswirtschaft. 1933 erreichte die Krise in Biel mit beinahe 5000 Arbeitslosen den Höhepunkt. 12,7 Prozent der 38 000 Personen zählenden Wohnbevölkerung waren arbeitslos. Damals gab es noch keine obligatorische Arbeitslosenversicherung. Ein grosser Prozentsatz der Arbeiter war nicht versichert. Auch waren die ausbezahlten Beträge bescheiden.

Wer in Not geriet, musste die Fürsorge um Unterstützung bitten. Arbeitslose Väter wussten oft nicht, wie sie ihre Familie ernähren sollten. So kam es vor, dass ihre Kinder nach dem kärglichen Essen noch hungry waren. Glücklich jene Arbeiterfamilie, in der wenigstens die Mutter einen Verdienst hatte oder die in einer Siedlung mit Garten zur Selbstversorgung wohnte.

Stadt Biel reagiert

Von 1919 bis 1939 – als die Sozialdemokraten in beiden Räten die Mehrheit stellten – sprach man vom «Roten Biel». Während der bürgerlich ausgerichtete Regierungsrat meinte, gegen die Weltwirtschaftskrise lasse sich nicht viel tun, unternahm die sozialdemokratisch regierte Stadt Biel sehr viel, um die Arbeitslosigkeit zu lindern. Sie subventionierte die Arbeitslosenversicherungskassen der Gewerkschaften, baute die städtische Arbeitslosenversicherung aus, leistete Beiträge an Weiterbildungs- und Umschulungskurse

Reconvilier 1921. Arbeitslose die an einem Notstandsprogramm teilnehmen.

Bieler Arbeitslose 1937. Gymnastik nach dem Steinbrechen.

Zehnspänniger Transport in der «Chrusis»-Steingrube bei Lengnau. Die Steine wurden für den 1921 als Notstandsprogramm von Arbeitslosen erbauten Chômage-Weg benötigt.

und organisierte Notstandsprogramme im Hoch- und Tiefbau. 1933 betrugen die Ausgaben dafür 4,6 Millionen Franken. Das waren 42,5 Prozent aller Ausgaben im städtischen Budget. Angesichts der Wirtschaftskrise durchbrach der Bieler Stadtpräsident und Finanzdirektor, Guido Müller, sein Prinzip, dass alle ordentlichen Ausgaben durch ordentliche Einnahmen zu decken seien. Mit dem Einverständnis der Stimmberechtigten nahm die Stadt Anleihen auf.

An die Notstandsarbeiten – das bekannteste Beispiel ist der Bau des Strandbades – leisteten Bund und Kanton teilweise Subventionen. Auch an der Krisenunterstützung für Ausgesteuerte beteiligten sie sich. In den Arbeitslosenbeschäftigungsprogrammen mussten Uhrmacher als Bauhandlanger arbeiten. Uhrenarbeiterinnen hatten sich zu Dienstmädchen umschulen zu lassen, weil es für diese offene Stellen gab. Wer sich weigerte, dem wurde das Taggeld gesperrt.

Abwertung bringt Aufschwung

1936 wurde der Schweizer Franken um 30 Prozent abgewertet. Damit verbesserten sich die Absatzmöglichkeiten der Exportindustrie. Die Aufträge für die Uhrenindustrie zogen an. Aber die Krise hatte eine Umstrukturierung ausgelöst: Viele Kleinbetriebe mit qualifizierten Uhrmachern vermochten nicht zu überleben, während Grossfirmen, dank dem Einsatz von Maschinen und billigeren weiblichen Arbeitskräften, vom Aufschwung profitierten. Einen grossen Fisch zog Stadtpräsident Müller mit der General Motors an Land (siehe Seite 90ff.). (sr)

Weitere Texte finden Sie in der Datenbank «Regionales Gedächtnis»:
- Linke und rechte Parteien in den Dreissigerjahren
- Porträt von Guido Müller

1919–1945 Wirtschaft und Gesellschaft

Landwirtschaft
Bauern und Politiker

In den 1920er-Jahren suchte die gefürchtete Maul- und Klauenseuche viele Viehställe heim. Hier ein Kommissär der Seuchenpolizei auf seinem Kontrollgang in Pieterlen 1922.

Die Mehrheit der Schweizer Männer leistete während des Zweiten Weltkriegs ihren Aktivdienst. In der Industrie, oder wie hier in der Landwirtschaft, übernahmen nun die Frauen viele zusätzliche Arbeiten.

Im Gegensatz zur Spitze des Bauernverbandes waren bei der Entstehung der bernischen Bauern-, Gewerbe- und Bürgerpartei 1918 die Seeländer Bauern prominent vertreten. Neben Rudolf Minger aus Schüpfen, der zehn Jahre später als erster Bauer zum Bundesrat gewählt wurde, spielte auch der bisher als Vertreter des Freisinns im Grossen Rat politisierende Gottfried Gnägi aus Schwadernau eine wichtige Rolle in der politischen Organisation der Bauern auf kantonaler Ebene.

Bildung

Wie in anderen Landesteilen wurde auch im Jura das landwirtschaftliche Bildungswesen ausgebaut. In Pruntrut war schon 1896 eine Schule – allerdings ohne Gutsbetrieb – gegründet worden, zu der 1928 in Courtmelon auch eine hauswirtschaftliche Schule kam. Im Gegensatz zum alten Kantonsteil, wo die Krise zu einem Rückgang der Schülerinnenzahl führte, hatte die Krise in der Seidenweberei im Val Terbi und in der Uhrenindustrie generell zur Folge, dass sich auch junge Frauen aus nichtbäuerlichen Kreisen vermehrt auf eine Tätigkeit in der Landwirtschaft vorbereiteten. Töchter bäuerlicher Herkunft waren in Courtmelon denn auch in der Minderheit; dort wurde 1940 erstmals auch ein Winterkurs mit einer grossen Zahl von Teilnehmerinnen durchgeführt.

Rolle des Bundes

Die Erfahrungen des Hungers 1917/1918 führten dazu, dass die Landwirtschaft wieder zu einer «Sache des ganzen Volkes» gemacht wurde. Jetzt befürworteten auch diejenigen, die sich im 19. Jahrhundert für das freie Spiel von Angebot und Nachfrage und gegen Staatseingriffe im Agrarsektor gewehrt hatten, eine gesellschaftliche Regelung der Nahrungsmittelproduktion.
Die konkrete Agrarpolitik des Bundes war jedoch vorläufig noch in erster Linie Krisenpolitik. Die staatliche Stützung des zerfallenden Milchpreises in den Dreissigerjahren beispielsweise erfolgte primär aus sozialpolitischen Überlegungen. Erst 1938 ging man dazu über, die Lehren von 1917/1918 in ein agrarpolitisches Konzept zu giessen, welches die Bauern zu einer Ausdehnung des Ackerbaus verpflichtete. Konkretisiert wurde dieses Ziel im Plan Wahlen während des Zweiten Weltkriegs. Eine Kombination von gesteigerter Produktion, Rationierung, Vorratshaltung und beträchtlichem Import von Produktionsmitteln bewahrte die Schweiz vor der Wiederholung der Hungererfahrung des Ersten Weltkriegs.

Die BGB war aus einer Mischung von Selbstbewusstsein und Verunsicherung heraus entstanden. Die Verknappung und Verteuerung der Nahrungsmittel im Ersten Weltkrieg führte einerseits zu einer Stärkung der bäuerlichen Position; gleichzeitig wurden die Produzenten durch staatliche Vorschriften aber auch auf die Rückkehr zum Ackerbau verpflichtet, den sie vorher als Reaktion auf die Weltmarktbedingungen weitgehend aufgegeben hatten. Immer mehr rückte in der Landwirtschaft die Frage in den Vordergrund, was man wohl nach dem Krieg produzieren solle. Die bäuerliche Verunsicherung erwies sich als berechtigt, geriet die Landwirtschaft mit dem Preissturz Anfang der Zwanzigerjahre doch in eine ökonomische Krise, die sie erst Ende der Dreissigerjahre langsam überwinden konnte. (pm)

«Landwirtschaft» lesen Sie weiter auf Seite 122.

In den 1920er-Jahren kommen bereits die ersten Traktoren zum Einsatz. Die eigentliche Motorisierung der landwirtschaftlichen Produktion beginnt jedoch erst nach dem Ende des Zweiten Weltkriegs.

Heuet in den 1930er-Jahren. Ob in Ipsach (rechts) oder in La Heutte (links), an dieser anstrengenden Arbeit waren stets die ganze Familie und oft auch Knechte beteiligt.

1919–1945 Kultur

Baugeschichte der Stadt Biel
Durchbruch des Neuen Bauens, sozialer Wohnungsbau, Bauen als Arbeitsbeschaffung

Am 24. Oktober 1930 überflog das Luftschiff LZ 127 Graf Zeppelin die Stadt Biel. Dieses sensationelle Ereignis trieb viele Bielerinnen und Bieler auf die Hausdächer, wie hier auf jene der neu errichteten Gebäude am Bahnhofplatz. Gut sind auf diesem Bild die noch bestehenden Baulücken zu erkennen.

Mit der Eingemeindung von Mett und Madretsch im Jahre 1920 stieg die Bevölkerungszahl Biels um etwa ein Drittel und erreichte 35 000. Die Grundlagen für die wesentlichen baulichen Veränderungen in der ersten Jahrhunderthälfte wurden durch Projekte gelegt, die kurz nach dem Ersten Weltkrieg entstanden. Nach allgemeinen Überbauungsplänen ent-

1923 wurde der neue Bahnhof eingeweiht. Vom Bahnhofquartier ist ausser ein paar Profilstangen noch nichts zu sehen.

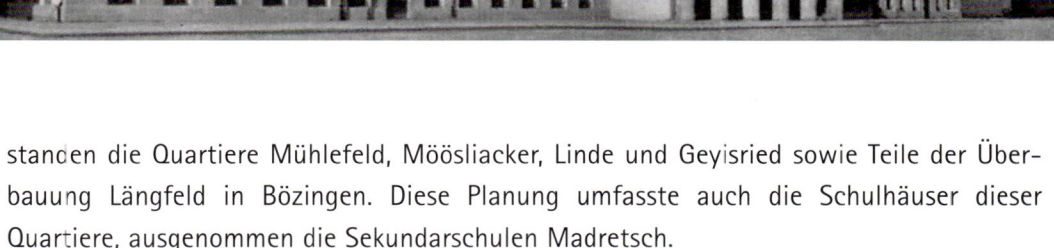

standen die Quartiere Mühlefeld, Möösliacker, Linde und Geyisried sowie Teile der Überbauung Längfeld in Bözingen. Diese Planung umfasste auch die Schulhäuser dieser Quartiere, ausgenommen die Sekundarschulen Madretsch.

Die Bieler Behörden der Zwanziger- und Dreissigerjahre wussten die Arbeitslosen nützlich zu beschäftigen. Das städtische Kanalisationssystem wurde saniert, das Strassennetz verbessert und asphaltiert, Teile des Schüsskanals wurden zugedeckt. Ergebnisse der Arbeitsbeschaffungsmassnahmen waren auch der Stadtpark, ein Sportplatz in Mett, die Doppelturnhalle Logengasse, die Schulhauspavillons Mühlefeld, die Strandbadhochbauten und das Post- und Bibliotheksgebäude Neumarkt (siehe auch Seite 94f.).

Als Meilenstein in der Geschichte des schweizerischen Städtebaus gilt das seit 1930 im Stil des Neuen Bauens entstandene Bahnhofquartier. Nach einem allgemeinen Ideenwettbewerb 1918, dem Wettbewerb für die volumetrische Weiterbearbeitung 1924, an dem sich berühmte Architekten wie Braillard, Bernoulli und Laverrière beteiligten, entstand 1925 der Bebauungsplan mit Sonderbauvorschriften, die Gebäudehöhe, Hofeinbauten, Flachdachobligatorium, Fassadengestaltung, Reklamen und anderes regeln.

Der Bauboom beschränkte sich nicht auf Wohnquartiere und die Umgebung des Bahnhofs. 1926 wurden die Neubauten des Technikums ihrer Bestimmung übergeben, und es wurde das Kino Metropol eröffnet. Dem Spital im Pasquart wurde 1928 ein neuer Flügel angebaut,

1919–1945 Kultur

In den 1920er-Jahren entstanden wegen der starken Bevölkerungszunahme und der schlechten Einkommensverhältnisse Genossenschaftsbauten wie die Wohnsiedlung Möösli 1. Diese erste Siedlung im Möösliacker wurde 1927–1928 erbaut.

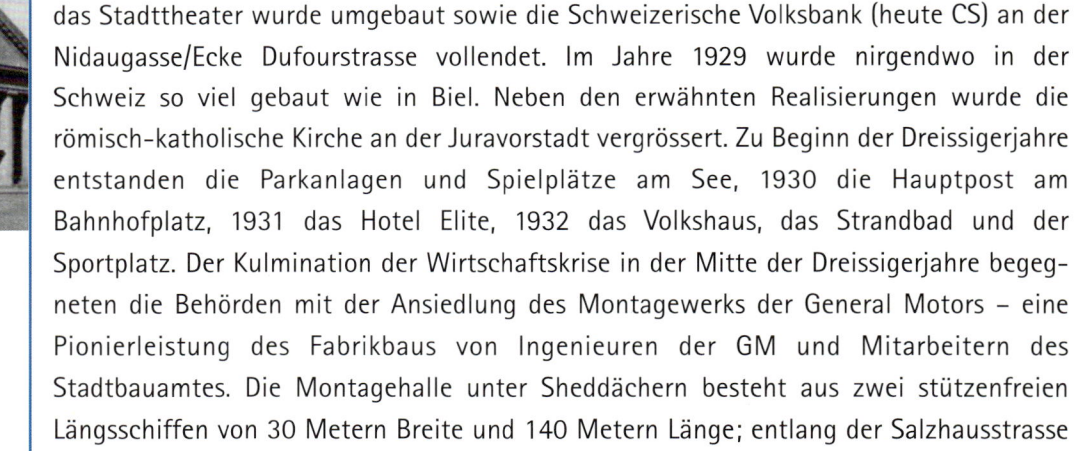

das Stadttheater wurde umgebaut sowie die Schweizerische Volksbank (heute CS) an der Nidaugasse/Ecke Dufourstrasse vollendet. Im Jahre 1929 wurde nirgendwo in der Schweiz so viel gebaut wie in Biel. Neben den erwähnten Realisierungen wurde die römisch-katholische Kirche an der Juravorstadt vergrössert. Zu Beginn der Dreissigerjahre entstanden die Parkanlagen und Spielplätze am See, 1930 die Hauptpost am Bahnhofplatz, 1931 das Hotel Elite, 1932 das Volkshaus, das Strandbad und der Sportplatz. Der Kulmination der Wirtschaftskrise in der Mitte der Dreissigerjahre begegneten die Behörden mit der Ansiedlung des Montagewerks der General Motors – eine Pionierleistung des Fabrikbaus von Ingenieuren der GM und Mitarbeitern des Stadtbauamtes. Die Montagehalle unter Sheddächern besteht aus zwei stützenfreien Längsschiffen von 30 Metern Breite und 140 Metern Länge; entlang der Salzhausstrasse gewährte eine Fussgängerpromenade Einblick auf das laufende Montageband (siehe auch Seite 90ff.). Der Zweite Weltkrieg brachte eine Flaute in die Bauwirtschaft, aber nicht den Stillstand: 1941 wurden das Wyttenbachhaus und die Paulus-Kirche in Madretsch eröffnet. Auch die Häuserblöcke an der Wyttenbachstrasse, mit ihren betont waagrechten Linien, stammen aus den Kriegsjahren. (jt)

«Baugeschichte der Stadt Biel» lesen Sie weiter auf Seite 126.

1933 wurde in Verbindung mit der Stadtbibliothek die Neumarktpost bezogen, die im Rahmen einer Arbeitsbeschaffungsmassnahme entstand.

Das Volkshaus.

Das Volkshaus: Vom Gewerkschaftssekretariat zur Musikschule

Der Zürcher Architekturhistoriker Stanislaus von Moos schrieb 1978, kurz vor den Entscheiden über die Zukunft des Bieler Volkshauses: «Wie in verschiedenen Schweizer Städten jener Zeit verbanden sich hier die Bedürfnisse kapitalistischer Citybildung mit Idealen sozialdemokratischer Planung zum historischen Kompromiss.» Das Volkshaus, zu Beginn Versammlungsort gewerkschaftlicher und sozialdemokratischer Organisationen Biels und der ganzen Schweiz, wurde gleich nach Inbetriebnahme mit allen möglichen ausländischen Vorbildern assoziiert. Das «Burgdorfer Tagblatt» nannte es «amerikanisch inspiriert», C. F. Ramuz sah «sowjetischen Stil», und die «Schweizer Radio-Illustrierte» suchte die Vorbilder in Berlin und Stuttgart. Dem für das Rätselraten verantwortlichen Architekten, Eduard Lanz, ging es aber um «keine alltägliche Bauaufgabe»: «Neues Bauen bedeutet keine äusserliche, formale Angelegenheit und geht nicht aus auf Modernität, sondern besteht im Erfassen und Einbeziehen aller, auch der nebensächlichsten Elemente zu einem durchdachten, sachlich entwickelten Werk.» Das stadtbildprägende Gebäude hat eine bewegte Geschichte: Schliessung während über zehn Jahren, Finanzierung der Wiederinstandstellung durch einen Volksentscheid und Wiedereröffnung als Musikschule – vorerst mit Nebengeräuschen, aber schliesslich zur Zufriedenheit aller. Und die Bieler haben 1989 auch ihre «Rotonde» als Beiz, wo man sich trifft, zurückerhalten.

1919–1945 Kultur

Welt des Sports
Erste Grosserfolge zwischen den Kriegen

Der aus Tavannes stammende Paul Hänni wurde an der denkwürdigen Olympiade von 1936 in Berlin im 200-m-Endlauf Vierter.

Nachdem die Brüder Hans (1892–1978) und Karl Schöchlin (1894–1976) seit 1918 bereits viele Schweizer-Meister-Titel und zwei Europameister-Titel im Rudern gewonnen hatten, krönten sie 1928 ihre Laufbahn mit der Goldmedaille an den Olympischen Spielen von Amsterdam.

Der sportliche Quantensprung nach dem Ersten Weltkrieg machte sich auch in der Region Biel, Seeland und Südjura bemerkbar. Im Fussball brillierte der Stadtklub 1920 bis 1921 – auch dank ungarischen Spielerzuzügen – schlitterte darauf aber in Schwierigkeiten mannigfacher Art. Zwischen 1927 und 1932 war das Team jedoch in der Spitzengruppe der Westschweiz klassiert und qualifizierte sich 1927 und 1930 gar als Regionalmeister für die Finalrunden um den Schweizer-Meister-Titel. Nach zwei fünften Rängen 1936 und 1937 in der neu geschaffenen Nationalliga, geriet der FC Biel aber erneut in eine Krise.

Exzellente Aushängeschilder des Bieler Sports waren nach dem Ersten Weltkrieg die Leichtathleten. Diese waren von 1916 bis 1942 dem Fussballklub angegliedert und machten sich nachher als Leichtathletikklub selbstständig. Trotz denkbar primitiven Trainings- und Wettkampfanlagen eroberten Bieler nationale Meister-Titel und gehörten zum Kader der Nationalmannschaft.

Willy Moser, sechsfacher Meister im Hürdenlauf und Olympiateilnehmer 1920 und 1924, war Förderer und Trainer zugleich. Sein Disziplinenkollege Hans Schneider war fünffacher Landesmeister. Neben dem Sprinter Paul Hänni war auch Jean Studer in seiner von 1934 bis 1949 dauernden Karriere als Weitspringer und Sprinter erfolgreich. Im Weitsprung gehörte Studer gar der europäischen Spitze an.

Neben den Leichtathleten sorgten in jener Zeit vor allem auch die Ruderer des Seeklubs Biel und von Etoile Bienne für Furore. In fast allen Bootsklassen wurden Spitzenleistungen erzielt. Überragend waren damals die Gebrüder Schöchlin.

Der erfolgreiche Weitspringer, Sprinter und Dreispringer, Jean Studer, eroberte von 1934 bis 1949 nicht weniger als 22 Schweizer-Meister-Titel. Seine Schweizer Rekordmarke im Weitsprung von 7,48 Meter blieb 27 Jahre bestehen.

Willy von Känel war in den 1930er-Jahren ein Top-Fussballer und dem FC Biel eine wichtige Stütze. Der Höhepunkt seiner Karriere war sein Einsatz im Nationalteam an der Fussball-WM 1934 in Italien.

Zuschauer an der Tour de Suisse in den 1930er-Jahren in Biel.

Im Gegensatz zu heute, blühte in jener Zeit auch der Bieler Boxsport. Man erinnere sich nur an die Meetings im Jurasaal. Liechti war 1927 und 1929 Amateur-Schweizer-Meister im Schwergewicht und wurde in dieser Klasse 1935 und 1936 von Walter Marti abgelöst. Der Fliegengewichtler Kläntschi gewann den Titel gleich dreimal (1931, 1934 und 1936); Stähli tat es ihm im Leichtgewicht gleich (1929, 1933 und 1934).

Der Aarberger Jakob Niklaus gehörte damals zur nationalen Elite der Freistilringer. Fritz Jaberg, aus Detligen, erreichte 1931 am Eidgenössischen Schwingfest gar den Schlussgang. Und der Bieler Robert Hafen gehörte als Ersatzmann der Schweizer Kunstturner-Nationalriege an, die 1934 in Budapest Weltmeister wurde.

Aber auch Lysser machten nach dem Ersten Weltkrieg von sich reden. Der für Bern kämpfende Fritz Schönauer erreichte 1935 als Regionalmeister Zentralschweiz im Boxmittelgewicht die Finalkämpfe um die Schweizer Meisterschaft. Ernst Christener errang 1939 am Eidgenössischen Hornusserfest die «Königswürde», der Einzelschläger Paul Dätwyler war erfolgreicher Freistilringer und Schwinger.

Die Gründung der Eidgenössischen Turn- und Sportschule (ETS) in Magglingen läutete 1944 eine neue Ära im Schweizer Sport ein. Es war dies der Start zu einer umfassenden Sportlehrer- und Trainerausbildung in unserem Land. (kt)

«Welt des Sports» lesen Sie weiter auf Seite 128.

Weitere Texte finden Sie in der Datenbank «Regionales Gedächtnis»:
- Paul Hänni: Naturtalent und Weltklasseathlet
- Brüderpaar Schöchlin: Olympiasieger im Rudern 1928

1919–1945 Alltag

Alltagswelten
Zwischen Freiheit und Form

Aus den «verrückten Zwanzigerjahren». Ein Bieler «Mann von Welt» und der Fächer als schickes Accessoire der modischen Bielerin.

Nach dem Ersten Weltkrieg, dem Fall der Monarchien und den politischen Umstürzen, breitete sich in Europa trotz der wirtschaftlichen und sozialen Probleme ein Lebensgefühl der Befreiung aus. Befreiung aus moralischer Engstirnigkeit, engen bürgerlichen Konventionen; befreit für eine Welt, die durch die neuen, sich ausbreitenden Kommunikationsmittel wie Telefon, Grammofon, Radio, Kino, Flug- und verbesserte Bahn- und Schiffsreisen und natürlich das Auto näher gerückt war und erobert werden wollte.

Vor allem die Frauen gewannen in diesen Jahren: in Nordamerika und Europa führten sämtliche Staaten, mit Ausnahme der katholisch-romanischen Länder und der Schweiz, zwischen 1915 und 1921 das Frauenstimm- und -wahlrecht ein. Die moralisch-sittlichen

Die funktionale Frankfurter Küche war streng vom Wohnbereich abgetrennt.

Der elektrische Haushalt

In der Vorkriegszeit propagiert die Schweiz die Elektrizität als einheimische Energiequelle (Wasserkraftwerke), um von Kohleimporten unabhängig zu werden. Nicht nur die Landi 1939 ist dafür Beleg, sondern auch die Kinoreklame-Dias des Elektrizitätswerks Biel, welche farbig und sehr professionell Herde, Warmwasserboiler, Kühlschränke, Staubsauger und Heizöfen anpriesen.

Paris setzte elegante Massstäbe (links). Auch Bieler Frauen begannen in den 1920er-Jahren, die neuen modischen Freiheiten auszuprobieren und zu geniessen.

Bedenken gegenüber einer Berufstätigkeit ausserhalb der traditionellen Frauenberufe wie Krankenschwester, Dienstmädchen und Erzieherin schwanden allmählich – die Selbstständigkeit der Frauen wuchs allgemein.

Die Schweizerinnen organisierten 1928 die Saffa, die Schweizerische Ausstellung für Frauenarbeit in Bern, eine Leistungsschau, an der auch Bielerinnen, wie die Kunstgewerblerin Klara Sarbach, teilnahmen.

In Biel schlossen sich 1932 zehn karitative, hauswirtschaftliche und politische Vereinigungen zum Verband der Bieler Frauenvereine zusammen.

Der Mangel an Dienstboten, die anhaltende Wohnungsknappheit und intensive Werbung für elektrische Haushaltsapparate führten zum «New Housekeeping», so der Titel einer Studie von Christine Frederick 1920; mit wissenschaftlicher Systematik im Sinne des Taylorismus wurde hier das Hauswesen neu organisiert. In der Schweiz verdrängte «Der neue Haushalt, ein Wegweiser zur wirtschaftlichen Hausführung» von Dr. Erna Meyer, 1926 allmählich das «Fleissige Hausmütterchen» von Susanna Müller, das in 28 Auflagen (!) zwischen 1860 und 1949 erschienen war.

Die Wohnung sollte danach wie eine Maschine funktionieren, die Küche rationell, hygienisch und arbeitssparend eingerichtet sein. Vorbild wurde die rein auf die Funktion Kochen (und Bügeln) reduzierte Frankfurter Küche, in der auf kleinstem Raum – um unnötige Wege einzusparen – alles «körpergerecht» (betreffend Höhe der Arbeitsflächen, der Sitzmöglichkeiten usw.) eingeplant war.

In den Wohnräumen waren die Fenster frei verteilt, um eine gute Aussen- und Innenbeziehung sowie Helligkeit am rechten Ort und hygienische Belüftung zu garantieren. Das einfache und praktische Mobiliar wurde um die Ständerlampe und das niedrige Buffet charakteristisch ergänzt.

Industrieästhetik 1927.

1919–1945 Alltag

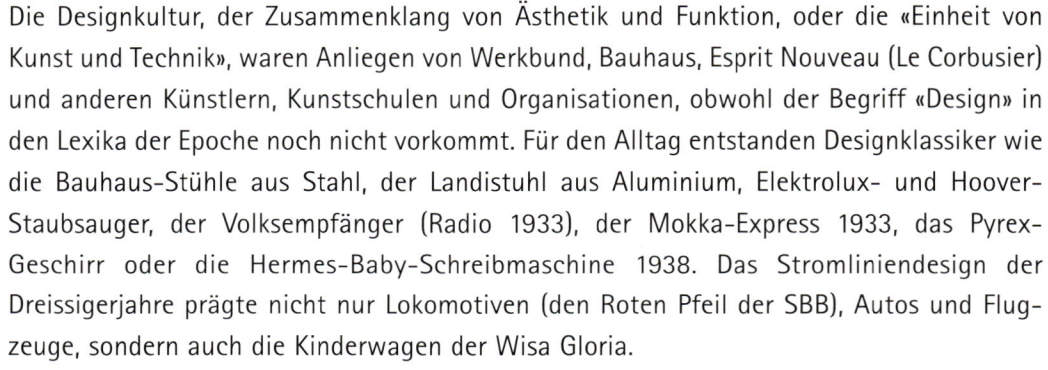

Der Alltag der Frauen war oft mit harter Arbeit verbunden. Diessbacherinnen beim anstrengenden Waschtag.

Die Designkultur, der Zusammenklang von Ästhetik und Funktion, oder die «Einheit von Kunst und Technik», waren Anliegen von Werkbund, Bauhaus, Esprit Nouveau (Le Corbusier) und anderen Künstlern, Kunstschulen und Organisationen, obwohl der Begriff «Design» in den Lexika der Epoche noch nicht vorkommt. Für den Alltag entstanden Designklassiker wie die Bauhaus-Stühle aus Stahl, der Landistuhl aus Aluminium, Elektrolux- und Hoover-Staubsauger, der Volksempfänger (Radio 1933), der Mokka-Express 1933, das Pyrex-Geschirr oder die Hermes-Baby-Schreibmaschine 1938. Das Stromliniendesign der Dreissigerjahre prägte nicht nur Lokomotiven (den Roten Pfeil der SBB), Autos und Flugzeuge, sondern auch die Kinderwagen der Wisa Gloria. 
Bakelit, nach seinem Erfinder Leo Baekeland 1907 benannt, ist der ideale neue Kunststoff für viele der Gebrauchsgegenstände. Metall dringt vermehrt in den Wohnbereich vor (Stahlrohrstühle u.a.).
Werbung, Reklame, vor allem Plakate, einprägsam solche von Niklaus Stoecklin, Otto Baumberger u.a., vermitteln die neue Formensprache. 
Die goldenen Zwanzigerjahre, «les années folles», brachten der Frauenkleidung die grosse Freiheit: Röhrenkleider, kurze Röcke, Bubikopf, Glockenhüte, Sportmode, schliesslich das Kostüm und die Modephilosophie der Coco Chanel. Die T-Riemen-Schuhe blieben auch bei wildem Tanzen am Fuss, wenn das Grammofon ab Schellackplatten Charleston-Rhythmen spielte. Und die Zeitschrift «Vogue» verbreitete das neue Schönheitsideal in die ganze Welt. Kaiserinnen und Prinzessinnen waren nicht länger Vorbild für Mode und Lebensgefühl, sondern die Stars der Leinwand, vor allem der Hollywood-Vamp. Auch Bielerinnen liessen sich gerne im Greta-Garbo-Look fotografieren.
Mit dem Zweiten Weltkrieg wurden Entwicklungen unterbrochen und Bewegungen gestoppt, um 1946 mit anderen Vorzeichen wieder aufgenommen zu werden. (ie)

«Alltagswelten» lesen Sie weiter auf Seite 132.

Ein neues Sonntagsvergnügen. Die Ausfahrt mit dem eigenen Automobil – wie hier 1928 – konnte sich vor dem Zweiten Weltkrieg nur die Oberschicht leisten.

Der soziale Wohnungsbau

Die Wohnungsknappheit nach dem Ersten Weltkrieg und die Arbeitslosigkeit in den Zwanzigerjahren führten vermehrt zum sozialen und genossenschaftlichen Wohnungsbau; damals wohnten in der Schweiz 20% aller fünf- bis siebenköpfigen Familien in Zweizimmerwohnungen!

In Biel konnte man auf frühe Beispiele des Arbeiterwohnungsbaus wie die Cité Marie oder das Hofmattenquartier in Nidau, ein frühes Engagement des späteren Bieler Stadtpräsidenten Guido Müller, zurückgreifen.

Am Rennweg, in der Falbringen, an der Champagneallee und im Möösli hat der bedeutendste Architekt des Siedlungsbaus in Biel, Eduard Lanz, Wohnungen errichtet, die dem Ideal des Neuen Bauens entsprachen: «Grossgevierte Fensteröffnungen planmässig so verteilt, dass ausgedehnte Wandflächen eine gute Möblierung ermöglichen. Eine in ihrer Einfachheit verblüffend geschickte Raumverteilung, welche den letzten Zentimeter der Grund- und Aufrisse zu nutzen weiss und bestmögliche Ökonomie an Installationen erlaubt. Die Waschküche, zugleich Bad- und Waschraum, mit Ausgang in den Garten (wichtig für die Selbstversorgung in Krisenzeiten), ist zu ebener Erde neben der Küche gelegen, welche mit dem Wohn- und Essraum in Türverbindung steht.» (Siehe auch Seite 99f.)

Weitere Texte finden Sie in der Datenbank «Regionales Gedächtnis»:
– Porträt von Philippe Robert

1919–1945 Alltag

Ein begehrenswertes Stück Freiheit

Die Velohandlung Scholl-Küenzi an der Bielstrasse in Pieterlen um 1928.

Wie manches Mal war Jean-Claude, der junge Kommissionär eines Uhrenateliers, nicht schon am Schaufenster des Fahrradgeschäftes vorbeigeschlendert, wie viele Male nicht stehen geblieben, um sich das dort ausgestellte Fahrrad anzuschauen oder, besser gesagt, es zu bestaunen. Ein Velo mit doppelter Übersetzung, einer Zweigangschaltung, um genau zu sein, einem Freilaufmechanismus mit Rücktrittbremse, Kettenspanner und Katzenauge. Ein Traum, ein Traum von Freiheit, wie ihn sich andere gönnten, die sonntags mit ihren Rädern weite Touren unternahmen, um den Bielersee herum oder nach Bern, gar nach Thun. Wenn man da mittun könnte! Weg von der Stadt, mit einigen gleich gesinnten Kollegen nach Neuenburg, nach Solothurn radeln, in den Jura hinauf oder wohin es gerade sein mochte. Von

Der Preis der Freiheit

In der Schweiz gab es zu Beginn der Zwanzigerjahre rund 450 000 Velos bei 4,5 Millionen Einwohnern. Nur jeder zehnte Schweizer besass somit ein Fahrrad. Der Preis für ein neues Velo überstieg das durchschnittliche Monatsgehalt eines Arbeiters, deshalb musste ein Fahrradkauf gut überlegt sein. Mit dem Zug über weitere Strecken zu reisen war für die meisten Leute, auch wenn sie 3. Klasse lösten, eine kostspielige Angelegenheit. Zudem war man auf den Fahrplan angewiesen, und die Züge fuhren auch nicht überaus häufig.

keiner Eisenbahn mehr abhängig sein, aufbrechen und zurückkehren, wann man wollte. Weg von den Eltern, die einen leider nur zu sehr noch unter Beobachtung hielten, als ob man noch ein Schulbub sei. Jean-Claude hatte ein paar ältere Kollegen, die fuhren am frühen Sonntagmorgen über die Juraberge und durch das Laufental bis nach Basel und kehrten erst spätabends zurück. Wenn man da mittun, etwas mehr sehen dürfte als bloss immer nur die nähere Umgebung, die gleichen langweiligen Dörfer! Gewiss, die Grossmutter war noch nie weiter als bis Grenchen und Neuenstadt und nur einmal nach Bern gekommen und hatte immer behauptet, sie begehre nicht, darüber hinaus zu fahren. Das war eben die alte Generation!

Nein, ein neues Fahrrad, wie das begehrte im Schaufenster, gab es zwar nicht. Mit dem stolzen Preis von 300 Franken war es viel zu teuer, sogar der Vater hätte es sich nicht leisten können. Ein alter Bekannter des Vaters hatte jedoch ein Velo abzugeben, das sich noch in gutem Zustand befand. Dennoch, 80 Franken sollte es gleichwohl kosten. Nachdem man das Rad besichtigt hatte, folgten einige Wochen lang, mittags wie abends, endlose Diskussionen am Familientisch um diesen Kauf. Der Vater war nach sechs Wochen endlich so weit weich geklopft, dass er einwilligte, 50 Franken an den Kauf beizusteuern, den Rest musste der Filius allerdings selber aufbringen. Der Verkäufer liess sich dann ebenfalls erweichen; 55 Franken Anzahlung und dann monatlich noch je einen Fünfliber, bis der junge Kommissionär das Velo mit berechtigtem Stolz sein Eigen nennen durfte. Zwar entsprach es schon nicht ganz dem im Schaufenster, weder hatte es eine Übersetzung noch andere Finessen. Hingegen war es schwer, ziemlich sogar, wie es eben ein gänzlich aus Stahlrohren konstruiertes Fahrrad ist. Damit würde das Überqueren von Jurapässen zur ziemlich mühseligen Angelegenheit, aber was wog das eigentlich schon gegen die grosse ersehnte Freiheit, die das Gefährt versprach? War nicht der ältere Bruder zu Ostern mit dem Velo in zwei Tagen bis nach Genf gefahren und zurück? Er hatte von Genf erzählt, den Prachtstrassen, dem See, den vielen Fremden dort. Wenn man das alles selber sehen könnte! Doch bald würde es auch für ihn möglich sein. Bald würde er die Sonntage nicht mehr mit den Eltern und ihren langweiligen Spaziergängen zum Strandboden verbringen müssen. Noch zweimal fünf Franken; dann winkte die ersehnte Freiheit endlich ihm, dem jungen Kommissionär Jean-Claude! (uk)

1919–1945 Alltag

Die «Spanische Grippe» wütet in Biel

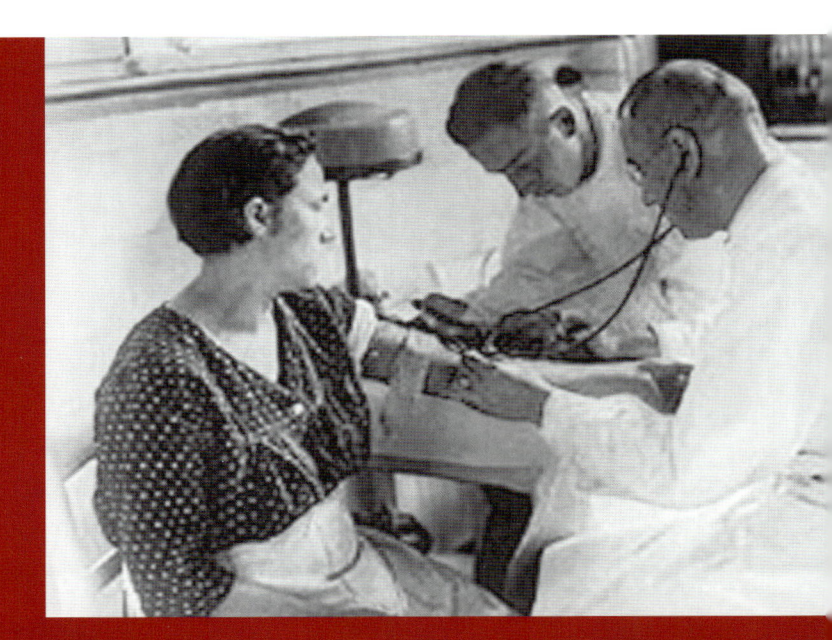

Heisse Tage in Biel: Teuerung, Lebensmittelrationierung, Wohnungsnot und Kriegsmüdigkeit erhitzten im Frühsommer 1918 das soziale Klima. Am 28. Juni traten die Stadtarbeiter in den Streik, am 8. Juli eskalierte eine Hungerdemonstration vor dem Rathaus in eine Strassenschlacht – alles Vorzeichen des Landesstreiks vom November (siehe auch Seite 76f. und Seite 82ff.). Niemand ahnte in jenen Tagen, dass gerade die grösste demographische Katastrophe des Jahrhunderts über die Schweiz hereinbrach, als sich die Berichte über Grippekranke häuften. Schliesslich starben damals in durchschnittlichen Jahren nicht weniger als 750 Menschen im Land an der Grippe und ihren Folgen, ohne dass es zu einer Epidemie gekommen wäre. Unruhe kam erst auf, als die Meldungen über Grippetote in der Armee nicht abrissen. Die Behörden beschwichtigten noch, da schlug die Kurve der Todesfälle nach

«Undemokratische» Epidemie

Wieso die Epidemie bevorzugt Männer zwischen 20 und 40 Jahren tötete, ist bis heute unklar. In der Stadt Bern war die Sterblichkeit in den Arbeiterquartieren fünfmal höher als in den Wohlstandsvierteln; in Biel hat sich die Grippe ihre Opfer vermutlich ähnlich «undemokratisch» ausgesucht – dahinter könnte möglicherweise die Unterernährung stehen, welche zur Kriegszeit in den Arbeiterhaushalten verbreitet war.

Die Struktur von Influenza-Viren unter dem Elektronenmikroskop.

Mit Gesichtsmasken versuchten sich die Menschen gegen die «Spanische Grippe» zu schützen.

oben aus. Auch in der Bevölkerung schlug die Grippe ab Juli wuchtig zu; bald füllten sich die Zeitungen mit Todesanzeigen. Weil die Seuche angeblich von der Iberischen Halbinsel kam, wurde sie «Spanische Grippe» genannt. In der Stadt Bern ging gar das Gerücht um, die Lungenpest sei ausgebrochen.

Am 20. Juli wurden in Biel die Kinos und Kirchen geschlossen und alle Versammlungen verboten – Tanzanlässe, Chorübungen und Konzerte ebenso wie Leichenfeiern. In Kasernen und Schulen wurden Notspitäler eingerichtet, doch die Ärzte waren hilflos: der Erreger der Grippe, ein Virus, sollte erst 1933 entdeckt werden. So starben bis Ende August in der Stadt 97 Menschen. Ende September meldete die Presse bereits über 2000 Kranke und 128 Tote in Biel und Umgebung. Nach einer ersten Beruhigung schlug die Grippe wieder härter zu: Am 1. Oktober wurden die Schulen geschlossen. Zwischen dem 20. und 26. Oktober beispielsweise, wurden 700 Erkrankungen und 27 Todesfälle gezählt, zwischen dem 24. und 30. November 280 Erkrankungen und 50 Todesfälle. Ende November lagen über 700 Soldaten in den Lazaretten der Stadt, 350 allein im Dufourschulhaus. Erst zum Jahresende klang die Epidemie ab. Am 4. Januar wurden die Sekundar- und Primarschulen wieder geöffnet und am 11. Januar die Notspitäler aufgehoben.

Die Menschheit war von einem neuen Stamm des Grippevirus überrascht worden. Er kostete im Kanton Bern 4658 Menschen das Leben, landesweit zwischen Juli 1918 und Juni 1919 rund 25 000 Menschen (so viele, wie Uri damals Bewohner hatte), weltweit forderte er 20 bis 25 Millionen Opfer – das sind mehr, als durch den Ersten Weltkrieg umkamen. In der Schweiz erfasste die Seuche jeden zweiten Bewohner; 0,65% der Bevölkerung starben. Wie Thun und Burgdorf, gehörte Biel zu den kleineren Städten im Kanton, die – neben den Gemeinden Sonceboz und Tavannes – am schwersten heimgesucht wurden. (ddf)

1919–1945 Politik und Presse

Bewegte Bieler Fusionsgeschichte

Blick auf das 1900 eingemeindete Vingelz vom Strandboden aus (um 1907).

Das 20. Jahrhundert stellt in der Geschichte der Stadt Biel ein Kapitel der geglückten wie der missglückten Fusionen dar. Den Anfang machte Vingelz: Das Seeuferdorf wurde Biel 1900 eingemeindet. 1916 kam Bözingen zu Biel – 1919 fusionierten Madretsch und Mett mit der expandierenden Stadt. Mit diesen drei Gemeinden war Biel schon vor dem Zusammenschluss wirtschaftlich eng verbunden.

1920 beschlossen die Nidauer wie die Bieler Stimmberechtigten die Eingliederung Nidaus in Biel. Doch der Grosse Rat des Kantons Bern legte 1921 sein Veto ein: Die mehrheitlich bürgerliche Regierung wollte nicht, dass der Hauptort des Amtsbezirks Nidau mit dem

Die Strassenbahn fuhr noch bis ins Jahr 1949 in das 1916 eingemeindete Bözingen.

1919 fusionierte Mett mit der Stadt Biel. Die Aufnahme zeigt die Mühlestrasse um 1930.

rotgrünen Biel fusionierte. Ein gegen diese Machtdemonstration beim Bundesgericht eingereichter staatsrechtlicher Rekurs änderte nichts an diesem Verdikt.

Interessant ist, dass Biel, Vingelz, Bözingen und Leubringen von 1815 bis 1832 dem Oberamt Nidau zugeteilt waren. Biel ist somit erst seit 1832 ein eigener bernischer Verwaltungsbezirk. 1912 stand die Eingemeindung Leubringens (mit Magglingen) zur Diskussion. Doch dieser Antrag wurde an einer Gemeindeversammlung in Leubringen haushoch abgeschmettert: Man wollte sich nicht von den Bielern «vogten» lassen.

1950 befürworteten die Porter und die Bieler eine Fusion. Aber der Grosse Rat lehnte 1951 auch die Eingemeindung von Port ab.

Hedwig Schaffer (hs)

Der Madretscherhof um die Jahrhundertwende. Wie Mett, wurde auch Madretsch 1919 eingemeindet. Die Stadt Biel zählte nun rund 35 000 Einwohner.

1919–1945 Politik und Presse

Zeit des Zweiten Weltkriegs – Das «Polenlager» in Büren

Schriftenkontrolle.

Vorerst sprachen die Militärs unglücklicherweise von einem «Concentrationslager». Die Bürener ihrerseits bezeichneten die über 120 eingezäunten Baracken als «Polenlager».

Die Schweiz hatte in den ersten Kriegsjahren bereits Flüchtlinge aufgenommen und sie landesweit verteilt. Im Juni 1940 verschärfte sich aber die Situation schlagartig, als Frankreich wegen der Erfolge der Hitler-Truppen kapitulierte. An der Westgrenze der Schweiz standen rund 50 000 Menschen und suchten Schutz: gegen 30 000 französische Soldaten, etwa 12 000 Angehörige einer polnischen Exilarmee und mehr als 7000 Zivilpersonen.

Von Le Locle aus, wo vorerst die Truppen entwaffnet wurden, verteilte man die Schutzsuchenden auf die drei im Landesinnern gelegenen Regionen Seeland, Oberland und Napf. Fast fassungslos vernahmen Behörden und Bevölkerung von Büren, dass (bei damals etwas mehr als 2000 Einwohnern) im Aarestädtchen 1500 Flüchtlinge, hauptsächlich französischer und polnischer Nationalität, untergebracht werden müssten. Am Bahnhof kamen sie eisenbahnwagenweise an und wurden in provisorischen Unterkünften aller Art behelfsmässig untergebracht. Während die Franzosen später in ihr Heimatland zurückkehrten, hatte die Schweiz aufgrund des Haager Abkommens von 1906 die Zukunft der Polen zu regeln, da Hitlers Armeen deren Heimat bereits zu Kriegsbeginn besetzt hatten und deshalb an eine Rückkehr nicht zu denken war.

Im Auftrag von Bundesrat Rudolf Minger erteilte der Generalstabschef wenige Tage später den Auftrag, im rundum vom Wasser umschlossenen «Häftli» oberhalb von Büren ein Barackenlager für 6000 Mann zu erstellen. In der Planungsphase war dabei in Zivil- und Militärbehörden vorerst von einem «Concentrationslager» die Rede, weil man vorsah, in einem geschlossenen Lager möglichst viele Militärinternierte an einem Ort unterzubringen und zu bewachen.

Der Wachturm war mit Maschinengewehren bestückt.

Alte und Junge wurden zu Beginn des Zweiten Weltkriegs wie hier in Nidau für die Ortswehr vereidigt.

Auch in anderen Dörfern – wie hier in Ins – lebten Internierte. Die so genannten «Spahis» – Soldaten aus der französischen Kolonie Algerien – fielen nicht nur durch ihr ungewohntes Erscheinen, sondern auch durch ihre viel bewunderten Reitkünste auf.

Die Bevölkerung Bürens selbst, bezeichnete das ausgedehnte, fremdartig anmutende und tatsächlich Ängste aller Art erzeugende Lagergelände im Häftli als «Interniertenlager»: Es umfasste langgezogene Barackenreihen sowie Betonküche und -wäscherei, bei regnerischer Witterung morastige Naturwege, einen mit Maschinengewehren bestückten Wachturm, einen mannshohen Stacheldrahtzaun und bewaffnete Mannschaften mit Wachhunden. Im täglichen Sprachgebrauch war es das «Polenlager».

Mit 120 Baracken und der zugehörigen Infrastruktur war es das grösste, je in der Schweiz verwirklichte Flüchtlingslager, das in den Jahren 1940–1946 total 7000–8000 Schutzsuchende beherbergte. Waren es in den Jahren 1940–1942 polnische Soldaten (die Offiziere wurden aus Sicherheitsgründen in Bürener Privatwohnungen untergebracht), folgten ihnen später – nachdem das Lagerkonzept aufgrund negativer Erfahrungen geändert und das Lager selbst verkleinert worden war – jüdische Zivilflüchtlinge, italienische Militärflüchtlinge und Gegner Mussolinis, und schliesslich gegen 300 russische (vor allem kaukasische) Soldaten. Im Lager Büren weigerten sie sich, unter Stalins kommunistische Gewaltherrschaft zurückzukehren, da einige von ihnen zuvor bereits Verschleppungen im eigenen Heimatland erlebt hatten und ihnen, da sie vom Hitler-Regime zum Kampf gegen Faschismusgegner abkommandiert worden waren, zudem die Todesstrafe drohte. (mg)

Denk-Mal

Angesichts der Bedeutung des Interniertenlagers, sowohl für die Region als auch für die ganze Schweiz, hat sich die Vereinigung für Heimatpflege Büren an der Aare gegenwärtig die Aufgabe gestellt, mit der Errichtung entsprechender Gedenksteine die Erinnerung an das damalige Geschehen wach zu halten.

1919–1945 Politik und Presse

Verlag und Druckerei Gassmann
Auf und ab in Zeiten der Krise

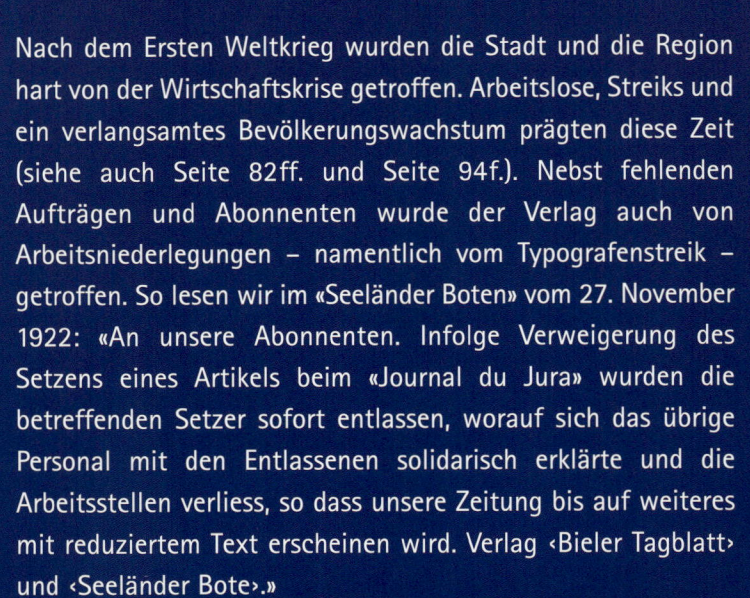

Nach dem Ersten Weltkrieg wurden die Stadt und die Region hart von der Wirtschaftskrise getroffen. Arbeitslose, Streiks und ein verlangsamtes Bevölkerungswachstum prägten diese Zeit (siehe auch Seite 82ff. und Seite 94f.). Nebst fehlenden Aufträgen und Abonnenten wurde der Verlag auch von Arbeitsniederlegungen – namentlich vom Typografenstreik – getroffen. So lesen wir im «Seeländer Boten» vom 27. November 1922: «An unsere Abonnenten. Infolge Verweigerung des Setzens eines Artikels beim «Journal du Jura» wurden die betreffenden Setzer sofort entlassen, worauf sich das übrige Personal mit den Entlassenen solidarisch erklärte und die Arbeitsstellen verliess, so dass unsere Zeitung bis auf weiteres mit reduziertem Text erscheinen wird. Verlag ‹Bieler Tagblatt› und ‹Seeländer Bote›.»
In den 1920er- und 1930er-Jahren führten Willy und sein jüngster Bruder Charles als Zweigespann die Druckerei und den Verlag. 1935, als Willy Gassmann starb, übernahm Charles die Geschäftsleitung und nahm, nachdem es über Jahre unmöglich war, die technischen Einrichtungen zu erneuern, eine leistungsfähigere MAN-Rotationsmaschine in Betrieb.

Charles Gassmann (1879–1954) kehrte 1919 aus Kanada – wo er als Hotelier tätig war – nach Biel zurück, um seinen erkrankten Bruder Willy in der Firma zu unterstützen.

«Bieler Tagblatt/Seeländer Bote» vom 13. Januar 1940:
«Die Lebensmittelrationierung im Februar. Keine wesentliche Änderung. Die Lebensmittelrationierung für den Februar sieht keine wesentliche Änderung vor. Die Rationen sind auch weiterhin reichlich bemessen (...) Sie [die Rationierung] erstreckt sich somit noch auf Zucker, Reis, Teigwaren, Speisefette und Speiseöle, ausgenommen frische Koch- und Tafelbutter, eingesottene Butter, Metzgereirohfette und reines geschmolzenes Schweinefett. Man darf aus der Rationierung schliessen, dass die Lebensmittelversorgung unseres Landes zurzeit befriedigend ist. Es wäre aber falsch, sich hier einem sorglosem Optimismus hingeben zu wollen. In nächster Zeit ist mit einer Verschärfung des Krieges zu rechnen und damit kann sich auch die Lebensmittelversorgung der Schweiz verschlechtern.»

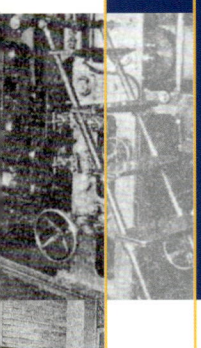

Ein Jünger der Buchdruckerkunst – hier der spätere Chefredaktor Fritz Probst in den 1940er-Jahren – wird gepackt und im nächsten Brunnen «getauft». Dieses recht unsanfte Verfahren, gautschen genannt, geht auf einen bis in die Zeit des spätmittelalterlichen Zunftwesens reichenden Buchdruckerbrauch zurück.

Charles lag der Informationsgehalt der beiden Zeitungen besonders am Herzen. Im Zweiten Weltkrieg war es jedoch äusserst schwierig, rechtzeitig und vor allem verlässliche Nachrichten zu erhalten. Darum liess Charles 1941 in der Redaktion den ersten Fernschreiber installieren. Auch baute er in den beiden Blättern des Verlages die lokale Berichterstattung aus. In jedem Dorf wurden lokale Korrespondenten verpflichtet. Die beiden Zeitungen verschmolzen auf diese Weise immer fester mit der Region.

Mit dem Zweiten Weltkrieg kam auch die Zeit des Mangels. Infolge der Papierrationierung verfügten die Behörden, dass pro Woche nur noch drei Ausgaben mit je sechs Seiten und drei Ausgaben mit je acht Seiten verlegt werden durften. Während des Zweiten Weltkriegs unterstand die Berichterstattung zudem den Normen des Presse-Notrechts. Einen publizistischen Alleingang, wie während des Ersten Weltkriegs, hätte die damalige Zensur nicht zugelassen (siehe auch Seite 87). (mn)

«Verlag und Druckerei Gassmann» lesen Sie weiter auf Seite 140.

1946–1975 Wirtschaft und Gesellschaft

Welt der Industrie
Nachkriegseuphorie und Rezession

Mit zunehmender Technisierung weiter Lebensbereiche übernahmen Forschung und Entwicklung eine zentrale Rolle. Hier ein Labor der Vereinigten Drahtwerke AG in Biel zu Beginn der 1960er-Jahre.

Das Ende des Zweiten Weltkrieges leitete in der ganzen Schweiz eine Periode des wirtschaftlichen Aufschwungs ein. Im seeländischen Raum waren es in erster Linie die Gemeinden mit guter Verkehrslage, die ein überdurchschnittliches industrielles Wachstum zu verzeichnen hatten. In Lyss strebten die Behörden eine verstärkte Industrialisierung bewusst an; mit der Förderung der bestehenden Industrie-, Gewerbe- und Handelsbetriebe sowie der Ansiedlung neuer Industrien sollte das Arbeitsplatzangebot in der Gemeinde vergrössert und die Steuerkraft erhöht werden. Als Resultat dieses Entwicklungskonzepts entstand 1956 die Industriezone Schachen, wo sich 14 neue Betriebe, vorwiegend aus der Metall-, Maschinen- und Autoindustrie, niederliessen.

Auch in Biel hinterliess die günstige Konjunkturlage der Nachkriegszeit deutliche Spuren. Das rapide Wirtschaftswachstum manifestierte sich einerseits in einer weiteren Ausdehnung des Handels- und Dienstleistungssektors, andererseits in der Entstehung zahlreicher neuer Industriebetriebe, insbesondere im Uhren-, Maschinen- und Metallsektor. 1965 zählte die Stadt nicht weniger als 246 Betriebe der Uhrenindustrie, 179 der Maschinenindustrie, 135 der Metallindustrie und 128 der Nahrungs- und Futtermittelindustrie sowie fast 300 weitere gewerblich-industrielle Unternehmen. Dabei zeichnete

Strassenbauarbeiter in Pieterlen um 1950.

In den 1950er- und insbesondere in den 1960er-Jahren konnten sich immer mehr Schweizerinnen und Schweizer den Traum eines eigenen Autos erfüllen.

ntsbezirk	Aarberg	Büren	Erlach	Nidau
00	4773	2749	3445	3823
98	8144	5134	4527	5029
50	15 678	8742	6570	9268
30	17 485	9380	6545	11 310
20	19 175	13 053	8017	14 993
50	22 499	16 882	9152	21 803
30	26 603	19 234	8978	35 411
00	29 999	21 298	9831	38 146

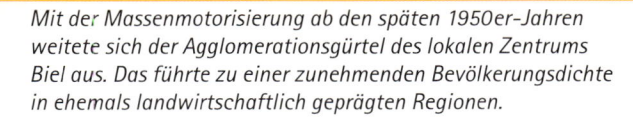

hnbevölkerung im Seeland (ohne Amtsbezirk Biel)

Mit der Massenmotorisierung ab den späten 1950er-Jahren weitete sich der Agglomerationsgürtel des lokalen Zentrums Biel aus. Das führte zu einer zunehmenden Bevölkerungsdichte in ehemals landwirtschaftlich geprägten Regionen.

Industriezone Schachen. Der in den 1960er-Jahren ausgebaute, rund 400 000 m² grosse Industriering Lyss umfasst heute etwa 1200 Arbeitsplätze.

sich allerdings ein immer grösserer Bedarf ab, der von der Stadt, infolge mangelnder Industrieflächen, nicht immer gedeckt werden konnte. Deshalb verlagerten einige Betriebe ihre Produktion in angrenzende Gemeinden wie Brügg.

Die Gewichtsverschiebung vom städtischen Zentrum hin zu den Agglomerationsgemeinden wurde nach 1965 zusätzlich durch die Abwanderung der städtischen Wohnbevölkerung in die Vororte gefördert. Zuvor hatte der wirtschaftliche Aufschwung die Einwohnerzahl Biels auf fast 65 000 anwachsen lassen, doch Verkehrs- und Lärmbelastung sowie steigende Bodenpreise verminderten zunehmend die Attraktivität der städtischen Wohngebiete. Auf wirtschaftlichem Gebiet beendete die 1973 einsetzende Rezession die Nachkriegseuphorie. Insbesondere in der Uhrenindustrie, die nach 1945 auch im südlichen Jura hohe Wachstumsraten zu verzeichnen hatte, wurden strukturelle Defizite offenbar, die nicht zuletzt den im Uhrenstatut von 1951 festgehaltenen Schutzmassnahmen des Bundes zuzuschreiben waren. Zwar waren Bieler Firmen wie «Bulova» und «Omega» in den Sechzigerjahren massgeblich an der Entwicklung der elektronischen Uhr beteiligt, doch entsprechende Restrukturierungen der Betriebe waren kaum vorgenommen worden. (dw)

«Welt der Industrie» lesen Sie weiter auf Seite 144.

Weitere Texte finden Sie in der Datenbank «Regionales Gedächtnis»:
– Die Krise der Siebzigerjahre
– Der «Kallnach-Airport» – Behördliche Bruchlandung im Grossen Moos
– Bern und Biel kommen sich über die T6 näher
– Porträt von Lore Sandoz-Peter

1946–1975 Wirtschaft und Gesellschaft

Bielersee-Schifffahrt – einst und jetzt

Fahrplan der «Union» von 1827. Die «Union» war das erste Dampfschiff, das auf dem Bieler- und dem Neuenburgersee verkehrte.

Die Flotte der Bielersee-Schifffahrtsgesellschaft (BSG) kursiert auf dem weitaus grössten Schifffahrtsnetz der Schweiz. Dieses Gebiet umfasst die drei Juraseen und den Aarelauf bis Solothurn. Zehn Motorschiffe sind im Einsatz: «Seeland», «Stadt Biel», «Chasseral», «Petersinsel», «Berna», «Stadt Solothurn», «Nidau», «Romandie», «Büren» und «Siesta» transportierten in den späten Neunzigern des 20. Jahrhunderts jährlich rund 460 000 Passagiere – in Spitzenjahren sogar mehr als eine halbe Million. Neben den regulären Kursen werden Sonderfahrten mit Events, Charterfahrten sowie Extrakurse für die verschiedensten Anlässe durchgeführt.

Nicht der Tourismus, sondern der aufkommende Warentransport veranlasste den Nidauer Handelsmann Ferdinand Piccard, 1823 zwischen Nidau und Yverdon einen Dampfschiff-Transportdienst aufzuziehen. Denn auf dem Land war das Strassennetz damals mehr als lückenhaft. Und so kam es, dass ab 1826 ein erstes Dampfschiff, die «Union», auf dem Bieler- und dem Neuenburgersee zirkulierte. Indessen wurde der Gütertransport auf dem Wasserweg ab 1860, mit der Eröffnung der Bahnlinie Biel-Neuenstadt, völlig uninteressant. 1876 wurde die unabhängige Dampfbootgesellschaft Biel-Nidau gegründet, und das erste Freizeitboot, der Schraubendampfer «Schwalbe», nahm im Sommer 1878 auf dem Bielersee die Fahrt auf. Der Betrieb konnte sich allerdings nur mühsam über Wasser halten und wurde bereits 1887 wieder eingestellt. Ein noch kürzeres Gastspiel gab die «Neptun», ein Schraubendampfer aus zweiter Hand: Im Juli 1880 geriet diese wenige Monate zuvor in

Die «J. J. Rousseau» als «Eisbrecher» in den 1920er-Jahren. Schifffahrten galten nicht allein dem Vergnügen. Mit diesem Schiff fuhren die Arbeiter aus den Seeanliegergemeinden zu ihren Arbeitsstätten. Das Dampfschiff hatte den Betrieb 1889 aufgenommen und wurde erst 1953 ausser Dienst gesetzt.

Mit der Kalvaterschnur und heissem Pech werden die Fugen abgedichtet.

Betrieb gesetzte Errungenschaft mit 16 Passagieren an Bord in einen heftigen Gewittersturm. 600 Meter vor Tüscherz sank das Schiff, und 15 Personen kamen ums Leben.

Die Wende zum Guten kam, nachdem der Bau der Eisenbahnlinie Biel–Neuenburg die Gemeinde Erlach von der Hauptverkehrsachse abgeschnitten hatte. Jetzt wurde eine Schiffs-Querverbindung zwischen Erlach und Neuenstadt aktuell, und 1887 wurde in Erlach die Dampfschiffgesellschaft Union ins Leben gerufen. Letztlich war also die Eisenbahn dafür verantwortlich, dass die Wiege der BSG in Erlach steht. Steigende Frequenzen führten sodann zur Verlagerung nach Biel und im Jahr 1913 zur Gründung der Bielersee-Dampfschiffgesellschaft. Den heutigen Namen BSG nahm die Gesellschaft 1966 an, nachdem die Berna 1964 als letztes Dampfschiff aus dem Verkehr gezogen worden war. (hs)

Freizeit und Tourismus

Den bisher bedeutendsten Aufschwung erlebte die Schifffahrt auf dem Bielersee in der Nachkriegszeit, das heisst von 1948 bis 1982, während der Ära von Direktor Röthlisberger. Der in dieser Zeitspanne kontinuierlich wachsende Wohlstand und die zunehmende Freizeit steigerten die Nachfrage nach touristischen Leistungen. Und so bedingten denn die von Jahr zu Jahr steigenden Frequenzen eine umfassende Erneuerung des bestehenden BSG-Schiffparks. Aber auch die Geschäftspolitik passte sich der erfreulichen Entwicklung an: Sowohl der Start der Drei-Seen-Fahrten wie auch der Start der Aareschifffahrt fallen in diese Epoche des Aufbruchs zu neuen Ufern.

Die 1911 in Betrieb genommene «Stadt Biel» in den frühen 1930er-Jahren im Hafen von Erlach.

1946–1975 Wirtschaft und Gesellschaft

Landwirtschaft
Die Rationalisierung der Landwirtschaft

Die Landwirtschafts- und Preispolitik des Bundes kam immer wieder ins Schussfeld bäuerlicher Kritik.

Von 1945 bis 1980 wurde die durchschnittliche Jahres-Milchleistung pro Kuh um 40% gesteigert. Dieses Zuchtziel führte jedoch zu einer Milchschwemme. Durch das Landwirtschaftsgesetz von 1951 verpflichtete sich der Bund, die Milch, ungeachtet der Menge, zu einem jährlichen Festpreis zu übernehmen. Überschüssige Milch wurde in Form von subventioniertem Käse ins Ausland verkauft.

In der Nachkriegszeit hat sich die Zahl der in der Landwirtschaft tätigen Menschen um mehr als die Hälfte verringert, obwohl die Betriebe grösser wurden und immer mehr Tiere zu versorgen waren. Seit den Fünfzigerjahren produzieren immer weniger Leute, mit einem immer höheren Einsatz nicht-erneuerbarer Energie, auf immer weniger Boden stetig mehr Nahrungsmittel. Auch im Seeland haben drei Jahrzehnte genügt, um das Gesicht der Landwirtschaft grundlegend zu verändern.

Einem noch viel grösseren Wandel als die äussere Erscheinung, war das Leben der bäuerlichen Bevölkerung ausgesetzt. Die bis zum Zweiten Weltkrieg noch in grosser Zahl mitarbeitenden Familienangehörigen sind in der Nachkriegszeit fast vollständig von den Bauernhöfen verschwunden; ebenso die Dienstboten, die in den Fünfziger- und Sechzigerjahren weitgehend durch ausländische Saisonarbeiter ersetzt wurden (zuerst Italiener, dann

Spanier und später Portugiesen und Ex-Jugoslawen). Aber auch diese verloren mit der umfassenden Motorisierung und Chemisierung der Landwirtschaft ihre Bedeutung – ausser in Spezialkulturen, wie etwa den Gemüsebetrieben im Seeland. Im Agrarsektor ist die Modernisierung seit dem späten 19. Jahrhundert, anders als in der Industrie, nicht von einer Zunahme der Lohnarbeit begleitet. Vielmehr wurden die bäuerlichen Familienbetriebe immer mehr zu Einmannbetrieben, deren Funktion aber von der Mitarbeit der Bäuerin abhängig ist.

Die Agrarpolitik der Nachkriegszeit basierte im Prinzip auf dem Landwirtschaftsgesetz von 1951, das eine leistungsfähige, bodengebundene Landwirtschaft anstrebte. Schon Ende der Fünfzigerjahre kam es aber zu einer signifikanten «Neuorientierung», indem man nun nach Wegen suchte, um die Produktivität in der Landwirtschaft parallel zu derjenigen in der Industrie zu steigern. Eine Möglichkeit sah man darin, dass die Fleischproduktion immer mehr vom Boden gelöst wurde. Die bisherige Produktionsgrundlage der Landwirtschaft wurde zunehmend zur Hilfsquelle degradiert: Mit immer grösseren Futtermittelimporten sollten die Bauern in die Lage versetzt werden, immer mehr Tiere zu halten und so den Fleischhunger der sich herausbildenden Konsumgesellschaft zu befriedigen. Das Resultat war eine rasante Ausdehnung der Produktion, die schon bald dazu führte, dass bei der Milch- und Fleischproduktion einzelbetriebliche Einschränkungen eingeführt werden mussten. (pm)

«Landwirtschaft» lesen Sie weiter auf Seite 148.

Auch Käsereien – wie hier 1953 in Diessbach – wurden rationalisiert und mechanisiert.

Was früher ganze Familien mit ihren Knechten und Mägden leisteten, begannen Maschinen zu übernehmen. Hier eine Vollerntemaschine für Zuckerrüben mit hydraulischer Lenkung in den späten 1960er-Jahren.

Weitere Texte finden Sie in der Datenbank «Regionales Gedächtnis»:
– Bäuerliche Opposition

1946–1975 Wirtschaft und Gesellschaft

Die Lebensräume der Fische sind enger geworden

Felchenerträge am Bielersee, tiefster und höchster Fangertrag pro Jahrzehnt in kg (Berufsfischerei)

Jahr	Ertrag	Jahr	Ertrag
1933	4507	1965	15 314
1937	20 420	1972	117 212
1941	9469	1975	31 132
1944	22 956	1981	47 562
1951	7634	1988	104 420
1957	84 925	1996	95 686
1963	132 889	1998	49 299

Das Jahr 1963 ging mit einem Felchenertrag von über 132 Tonnen in die Annalen der Fischereigeschichte ein. Nebst dem Brotfisch Felchen, mit einem Anteil am Gesamtfang von knapp 63%, wurden 1999 am Bielersee von den Berufsfischern folgende Fische gefangen: Rotauge, Rotfeder, Hasel 19%, Flussbarsch (Egli) 12%, Hecht 4%, Trüsche, Zander, Brachsme und andere – alle unter 1%.

Mit Eispickel und Fischrute. Prächtige Eglifänge aus dem völlig zugefrorenen Bielersee im Jahre 1963.

Die Qual der Wahl für x-tausend Fischer im Seeland: Bielersee (14,5 km lang, 3,5 km breit, 4087 ha), Zihlkanal (7 km), Alte Zihl, Alte Aare (13 km von Aarberg bis zum Häftli), Hagneckkanal (9 km), Kallnach- und Nidau–Büren-Kanal (15 km durch bernisches Gebiet) und Schüss. Wurden die Fische in der Pfahlbauerzeit, beispielsweise im Bielersee, mittels Harpunen mit je vier Widerhaken bejagt (Fundort Lattrigen, zu sehen im Historischen Museum Bern), so sind in der heutigen Zeit die gesetzlich vorgeschriebenen Methoden ungleich tierfreundlicher. Und das neue Reglement über die Fischerei fordert vom Fischer mehr Eigenverantwortung und Fairness gegenüber dem Fisch.

In der Fischereiordnung aus dem Jahre 1777 ist zu lesen: «Es gibt Fischer, die auf Gewinn, und solche, die für den Hausgebrauch fischen.» Das ist mit Angelpatent- und Berufsfischerei auch heute noch so geregelt. Nur, dass damals die Patentlosen ihre Beute nicht verkaufen durften. Heute bessern viele Angelfischer ihr Sackgeld mit dem Verkauf der Beute auf. Angewiesen auf Abnehmer sind dagegen die zwölf zurzeit im und am Bielersee

Maria Elisabeth Grimm, genannt «Jöggi-Lisi», war in Lüscherz eine bekannte Fischträgerin. Aufnahme zwischen 1900 und 1910.

Arnold (Noldi) Martin, aus Ligerz, beim Heben der Grundnetze im Sommer 1999.

tätigen Berufsfischer. Ihr Brotfisch ist der Felchen. Aus der seit 1994 bestehenden kantonalen Fischzuchtanlage Ligerz gelangen jährlich 60 Millionen künstlich ausgebrütete Felchen in den Bielersee (vor 55 Jahren waren es noch die Hälfte). Dazu der 74-jährige Berufsfischer Arnold Martin, aus Ligerz, der als erster Schweizer im bayerischen Starnberg das Diplom eines Fischmeisters überreicht bekam: «In den letzten Jahren ernteten die Berufsfischer vom Bielersee im Schnitt zwischen 70 und 80 Tonnen Felchen. Das Rekordergebnis von 132 886 Kilogramm aus dem Jahre 1963 wird wohl kaum mehr erreicht werden.»

Durch die Juragewässerkorrektionen sind der See- und der Grundwasserspiegel im Seeland abgesenkt worden. Damit wurden weite Teile des Seelandes vor den früher regelmässigen jährlichen Überschwemmungen geschützt (siehe auch Seite 32ff.). Bezüglich Fischerei erlitten jedoch Laichgewässer störende Eingriffe und Beeinträchtigungen durch starke Wasserstandsschwankungen. Wetterbedingte Einwirkungen führen deshalb häufig zur Trockenlegung von Äschen-, Forellen- und Hechtbrut. Ungeklärt ist seit Jahrzehnten das Fischsterben in der Alten Aare. Nicht verwunderlich, dass heute vom Kanton und von den Fischereivereinen umfangreichere Besatzfisch-Einsätze nötig sind. Zumal in den letzten Jahren auch Kläranlagen, Kormorane und Gänsesäger die Fischbestände in den Seeländer Gewässern reduziert haben, jene der Bachforellen sogar sehr drastisch. Da sind das Erstellen von Fischtreppen oder die Freilegung eingedolter Bäche zugunsten verbesserter Lebensräume der Fische hochwillkommen. In der «Roten Liste der Fische und Rundmäuler in der Schweiz» sind lediglich noch zehn Fischarten als «nicht gefährdet» bezeichnet. Es sind dies: Hecht, Brachsmen, Blicke, Hasel, Alet, Rotauge, Rotfeder (Winger), Schleie, Trüsche und Flussbarsch (Egli). Das Trostpflästerchen für die Petrijünger im Seeland: Praktisch alle diese ungefährdeten Fischarten können im Bielersee und in den Fliessgewässern noch gefischt werden.

Fredy Paratte (pa)

1946–1975 Kultur

Baugeschichte der Stadt Biel
Vom Nachkriegshoch in die Rezession

Die Nachkriegsbauten zeichnen sich oft durch Einfachheit und Funktionalität aus. Hier die 1965 eröffnete französische Sekundarschule in Madretsch.

Als ob es einen Hundertjahrzyklus gäbe, erfasste mit der allgemeinen wirtschaftlichen Hochkonjunktur im dritten Viertel des 20. Jahrhunderts eine rege Bautätigkeit die Stadt. Die Finanzdirektion baute an der Rüschlistrasse, die Stadtgärtnerei und der städtische Werkhof entstanden an der Portstrasse und das Bieler Kongresshaus an der Zentralstrasse. Das alte Bahnhofareal wurde 1959–1960 mit dem Gebäudekomplex Hugistrasse/Wyttenbachstrasse überbaut. In den folgenden Jahren wurden das Kino Rex an der Neuhausstrasse und das Restaurant «Falken» gebaut. Auch die EPA an der Marktgasse, das Gebäude von Möbel Pfister am Neumarktplatz sowie das Hotel «Dufour» stammen aus diesen Jahren. Die Gebäude Mühlebrücke 14 und Spengler Mode sowie Publicitas an der Ecke Nidaugasse/Neuengasse entstanden zu Beginn der Sechzigerjahre.

Was an der Peripherie der Stadt geschah, kann hier nicht vollständig aufgezählt werden: Ganze Quartiere schossen wie Pilze aus dem Boden, zudem 15 Schulhäuser, Alterssiedlungen, der erste Neubau der Sportschule Magglingen, die Zwingli-Kirche in Bözingen und die Christ-König-Kirche in Mett. Der Boom wurde dann jäh gebremst. In den Jahren 1971–1972 begannen die Dämpfungsmassnahmen des Bundes zu greifen, und in den folgenden Jahren wurde Biel stärker als andere Schweizer Städte von der allgemeinen Rezession getroffen. Ende 1975 zählte unsere Stadt 800 leere Wohnungen. Als Symbol für die schwierige Situation gähnte dort, wo früher das Rüschli stand, jahrelang eine leere Baugrube. (jt)

«Baugeschichte der Stadt Biel» lesen Sie weiter auf Seite 150.

Das Bieler Kongresshaus – Renovation muss warten

1956 wandte sich der Theaterverein mit dem Begehren, es seien ein Konzert- und ein Vereinssaal zu errichten, an den Gemeinderat. Zu dieser Zeit lief ein Projektwettbewerb für ein Hallenbad und Verwaltungsgebäude auf dem Bahnhofareal. Die Initiative wurde ins ausgewählte Projekt des Bieler Architekten Max Schlup einbezogen und das Gesamte, umfassend einen Konzertsaal und kleinere Säle, ein Hallenbad, ein Restaurant und ein Hochhaus, im Juli 1959 dem Souverän zur Abstimmung unterbreitet. Nachdem Teile des Komplexes bereits 1965 und 1966 ihren Benützern übergeben worden waren, konnte am 28. Oktober 1966 der Konzertsaal mit einem festlichen Auftritt von Bieler Chören eingeweiht werden. Zusätzliche, während des Baus beschlossene Anforderungen und die hohen Inflationsraten jener Zeit liessen die auf 15,5 Millionen Franken budgetierten Kosten schliesslich auf 29 Millionen anschwellen. Nachdem ein Renovationskredit von 33 Millionen Franken in der Volksabstimmung vom 13. Juni 1999, fünfunddreissig Jahre nach der Eröffnung, abgelehnt wurde, haben die Bieler am 21. Mai 2000 mit einem klaren Ja dem 22-Millionen-Kredit für die Kongresshaus-Sanierung zugestimmt.

Die in den späten 1950er-Jahren einsetzende Motorisierung hatte auch starke Auswirkungen auf das Stadtbild. Fahrbahnen wurden ausgebaut, Parkplätze angelegt und spielende Kinder endgültig von der Strasse auf das Trottoir verdrängt.

Das Bieler Kongresshaus.

Weitere Texte finden Sie in der Datenbank «Regionales Gedächtnis»:
– Bellelay: Kultur- und Touristenzentrum

1946–1975 Kultur

Welt des Sports
Nach dem Zweiten Weltkrieg die Konsolidierung

Der FC Biel: Schweizer Meister der Saison 1946/1947.

Nach dem Meister-Titel 1947 und dem Vizemeister-Titel im Jahr darauf blieb der FC Biel ein sicherer Wert. Zwei Erfolge ragen dabei heraus: Der Stadtklub wurde 1960 NLA-Vizemeister und zog 1961 in den Cupfinal ein, der gegen La Chaux-de-Fonds mit 0:1 verloren ging. Biel spielte damals in folgender Formation: Parlier; Turin, Kehrli, Allemann; Quattropani, Studer; Hänzi, Koller, Graf, Facchinetti, Stäuble. Nicht mit von der Partie waren der verletzte Spielertrainer Jupp Derwall (1980 Europameister als Trainer der deutschen Nationalmannschaft) und der erkrankte Merlo.

1952 stieg der FC Biel erstmals in die NLB ab. Es folgten nun jene wechselhaften Jahre als schwächerer A- oder starker B-Klub. Diese Schwankungen wurden nicht zuletzt durch das finanzielle Gefälle zwischen der NLA und der NLB verursacht.
Der FC Lengnau, der von 1955 bis 1960 der NLB angehörte und der FC Moutier, der 1966/1967 sogar den Sprung in die NLA schaffte, waren ihrerseits sehr erfolgreich.
Rasant verlief der Aufschwung im Eishockey: Der EHC Biel feierte 1973, nach mehreren Jahren als starker NLB-Klub, die Eröffnung des Eisstadions und 1975 den Aufstieg in die NLA. Damit hatte das Eishockey den Fussball als Aushängeschild des Bieler Sports abgelöst. Grosse Beachtung fanden in den Nachkriegsjahren die Bieler Leichtathleten. Rekordmann Hans Wahli war ein Hochspringer der europäischen Spitzenklasse. Er erreichte 1948 an den

Italienisches Spiel in der (vielleicht mehr als) zweisprachigen Stadt Biel-Bienne. Gastarbeiter aus dem Süden brachten nach dem Zweiten Weltkrieg nicht nur ihre Arbeitskraft, gutes Essen und mediterrane Lebensfreude mit nach Biel, sondern auch ihr Boccia-Spiel.

Georges Aeschlimann aus La Heutte belegte an der Tour de Suisse von 1949 den zweiten Rang. An der Tour de France von 1950 war er mit Kübler und 1951 mit Koblet im Team der beiden Sieger.

Olympischen Spielen und 1950 an der EM vordere Ränge und stellte auch an Ländertreffen für die Schweiz einen sicheren Wert dar. Aber auch Athleten wie der Zehnkämpfer Werner Duttweiler, der Armin Scheurer quasi ablöste, die Mittelstreckenläufer Fred Lüthi und Heinz Thoet, die Dreispringer André Bänteli und Fritz Portmann, die Läufer Hugo Wallkam, Walter Glauser und Ernst Vogel sowie der Hürdenläufer Klaus Schiess gehörten mehrmals dem Nationalkader an.

Auch die Bieler Rudertradition wurde nach dem Zweiten Weltkrieg fortgeführt. In jener Zeit errangen Thiébaud/Daulte im Zweier ohne Steuermann mehrere Meister-Titel.

Der Inser Weltklassereiter Arthur Blickenstorfer war bei Olympischen Spielen am Start und bestritt zahlreiche Europameisterschaften. Der Inhaber der «Goldenen Ehrennadel des Internationalen Reitsportverbandes» startete in 58 Nationenpreisen für die Schweiz; er gehört zu den besten Schweizer Springreitern aller Zeiten.

Auch in der Zunft der Schwinger machten die Seeländer Furore. Das Kraftpaket Arnold Fink, aus Büetigen, siegte im «Kantonal-Bernischen» gleich serienweise und erreichte an Eidgenössischen Schwingfesten einen zweiten, dritten und vierten Rang. Der Bieler Polizist Kurt Schild gewann überall im Land zahlreiche Schwingfeste, war 1964 Sieger am

1946–1975 Kultur

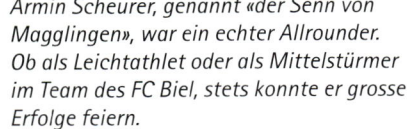

Armin Scheurer, genannt «der Senn von Magglingen», war ein echter Allrounder. Ob als Leichtathlet oder als Mittelstürmer im Team des FC Biel, stets konnte er grosse Erfolge feiern.

EHC Biel-Bienne: Schweizer Meister der NLB-Saison 1974/1975.

Der «Senneschwinger» Arnold Fink.

1947: Der FC Biel wird Schweizer Meister

Der in der Saison 1946/1947 errungene Meister-Titel ist zweifellos der Höhepunkt der seeländischen Fussballgeschichte. Nach Ablauf der Vorrunde mit 17 Punkten noch an vierter Stelle rangiert, legte der Stadtklub eine fulminante Rückrunde hin, gewann 19 Punkte und holte sich knapp vor Lausanne den Schweizer-Meister-Titel.

Trainer Hardy Walther stand ein spielerisch ausgewogenes Ensemble von Routiniers, Technikern und Kämpfern zur Verfügung, wobei er mit Rossel in der Abwehr und Hasler im Angriff über «verlängerte Arme» auf dem Terrain verfügte. Zu jener Zeit war auch der Zuschaueraufmarsch anders als heute: Zwischen 5000 und 8000 Zuschauer fanden sich jeweils auf der Gurzelen ein. Die Stammformation der Meisterequipe sah wie folgt aus: Jucker; Rossel, Urfer; Thomet, Wiedmer, Ibach; Weibel, Lempen, Scheurer, Hasler, Ballaman und gelegentlich auch Droz und Brügger.

In der Saison 1947/1948 doppelte der FC Biel übrigens nach und wurde Vizemeister...

Der Inser Arthur Blickenstorfer, genannt «Blick», war mit seinem Pferd «Apache» auf allen internationalen Concoursplätzen ein Begriff.

Der Hochspringer Hans Wahli gewann elfmal hintereinander den Landesmeister-Titel.

Fritz Jucker, Torhüter des erfolgreichen FC Biel.

Die Saison 1946/1947 stellt den unvergesslichen Höhepunkt in der Fussballgeschichte der Region dar.

Expo-Schwingen in Lausanne und konnte am «Eidgenössischen» je einen dritten und vierten Platz verzeichnen. Der Hagnecker Hans Münger war einer jener Rivalen, die Schild das Wasser reichen konnten. Und am Rande sei erwähnt, dass der Schwingerkönig von 1940, Otto Marti, später in Busswil Wohnsitz nahm und seine letzten Karriereerfolge als Seeländer feierte.

Der Bieler Karl Bachmann und Ernst Löffel aus Worben waren als Freistilringer Landesmeister und vertraten unser Land auch international. Der Bieler Halbschwergewichts-Boxer Hans Schwerzmann bestritt 1948 die Olympischen Spiele in London und feierte später sogar als Profi ansprechende Erfolge. Vorausgegangen waren jedoch bereits mehrere Schweizer-Meister-Titel bei den Amateuren.

Die Bielerin Sonja Gnägi war Ende der Sechzigerjahre Landesmeisterin im Wasserspringen. Mitte der Siebzigerjahre wiederum wurden die Bieler Frauen- und Männerteams Schweizer Meister im Volleyball. (kt)

«Welt des Sports» lesen Sie weiter auf Seite 152.

Weitere Texte finden Sie in der Datenbank «Regionales Gedächtnis»:
– Prachtathlet Armin Scheurer

1946–1975 Alltag

Alltagswelten
Zwischen Pop-Art und Waschmaschine

Wohnzimmer in den typischen Farben der 1950er-Jahre.

Als Pelze noch erlaubt waren.

Auf den Zweiten Weltkrieg reagierte man völlig anders als auf den Ersten. Keine Revolution, keine Befreiung von Konventionen, eher der Wunsch, die jüngste Vergangenheit zu vergessen und materielle Werte auch durch Rückgriff auf gewisse bürgerliche Regeln zu schaffen. Die Frauen hatten während des Kriegs wohl derart «ihren Mann gestellt», dass sie danach ein «Zurück zum Herd» als Entlastung von Schwerarbeit und von der alleinigen Verantwortung für die Familie betrachteten. Anderseits dachten sie wohl, es biete sich ihnen wieder ein gewisser Komfort und die Möglichkeit, Weiblichkeit und Koketterie nach den grauen, tristen Jahren des Krieges auszuleben.

Die Jugend sprengte dagegen die Fesseln vorübergehend bei Jitterbug (Tanz) und Jazzmusik.

Der Wiederaufbau der Fünfziger- und die Neubauten des wirtschaftlichen Booms der Sechzigerjahre brachten den gewünschten Wohnkomfort mit zentraler Heizung und Warmwasserversorgung, alle möglichen elektrischen Geräte (neben den Standards wie Herd und

Kühlschrank auch Mixer, Küchenmaschine, Kaffeemühle und -maschine, Gefriertruhe usw.) und als Krönung die vollautomatische Waschmaschine, die nach über 100 Jahren Erfindungen von mechanischen Hilfen und Teilautomaten eine der mühsamsten Hausarbeiten, die grosse Wäsche, selbstständig erledigte – mit einem feinen Unterschied zwischen dem amerikanischen und dem schweizerischen Vollautomat: Letzterer kocht die Wäsche auch, was für das helvetische Sauberkeitsverständnis bei der Anschaffung ausschlaggebend war.

Bereits seit 1946 konnten sich Bielerinnen u. a. an der Mowo, der Ausstellung für Mode und Wohnen, der ältesten Ausstellung auf dem BEA-Gelände in Bern, über alle Fragen zu diesem Thema informieren. Skandinavien wurde zum Vorbild für den Wohnstil. Der Nierentisch, die mehrarmige biegsame Ständerlampe, Insektenstühle (so benannt wegen der dünnen Metallbeine), zogen ein und wurden bald ergänzt von der Wohnwand mit dem eingelassenen Fernsehapparat. Spannteppiche waren chic und billig und mit den neuen starken Staubsaugern angeblich auch sauber zu halten. Die Hygiene wurde, parallel zur Schliessung der Tuberkulosesanatorien in den Alpen, nicht mehr so ernst genommen.

Der New Look der Nachkriegszeit begann 1947 mit Christian Diors erster Modekollektion und bescherte den Frauen das Comeback – allerdings nur kurzfristig – von Korsett und grossen Hüten! Schmale Schultern, enge, knappe Taille, betonter Busen, weite, wadenlange Röcke machten das elegante feminine Kleid des New Look nach spartanischen Kriegsjahren zum Hit.

Filmstars wie Audrey Hepburn blieben Vermittler von Mode und Make-up, später waren es auch Mannequins und Models.

Das T-Shirt, 1942 von der US-Army vorgestellt, wurde in den 1950er-Jahren von James Dean in seinen Filmen so wirkungsvoll getragen, dass Männer und Frauen es bald zum beliebtesten, verbreitetsten und

1968

Die 1968er-Revolution war für das Wohnen und vor allem das Haushalten von grosser Bedeutung, weil sie das Rollenverständnis zwischen Mann und Frau, das für die Geschichte von Mode, Wohnen, Haushalt und Familie in den letzten 200 Jahren ausschlaggebend war, allmählich änderte.

Drei Jahre danach erhielten die Schweizer Frauen endlich das Stimmrecht. Zehn Jahre später wurden die gleichen Rechte für Mann und Frau in der Bundesverfassung verankert. Das neue Eherecht sowie der Anspruch auf gleichen Lohn für gleiche Arbeit sind ebenfalls Ausdruck dieser Veränderung.

In Biel wird 1984 der erste Kindergärtner der Schweiz in das Seminar aufgenommen. Die Bieler Gymnasiastinnen haben politisch wirksam gegen die «Mädchen-RS», den obligatorischen fünfwöchigen Haushaltunterricht, gestreikt, welcher dann auch abgeschafft wurde. Dafür gibt es neu den Lebensunterricht für Mädchen und Buben. Zeichen dafür, dass ein Aufgabentausch nicht mehr ausgeschlossen ist.

Und man darf nun gespannt sein, wie Hausmannstugend und -fleiss langfristig das Leben verändern werden.

1946–1975 Alltag

Das Aus für die Schürze

Im 1895 gegründeten Frauen-Hilfsverein Madretsch wird 1963 über die traditionelle Schulbescherung zu Weihnachten diskutiert; zu diesem Anlass erhielten die Buben bisher Hemden und die Mädchen Schürzen. Es wird bemerkt, dass Mädchen keine Freude mehr an Schürzen hätten! So verschwindet allmählich das einst in Küche und Haus obligatorische Accessoire, nur die Berufsschürzen bleiben aktuell.

langlebigsten Kleidungsstück der zweiten Hälfte des 20. Jahrhunderts machten. Sicher wird es auch im 21. Jahrhundert aktuell bleiben.

Eine ähnliche Erfolgsstory haben die Blue Jeans geschrieben, die allerdings schon 1847 von Levi-Strauss für die amerikanischen Goldsucher hergestellt worden waren; ihre weltweite Popularität konnten sie aber erst in der zweiten Hälfte des 20. Jahrhunderts erringen.

Die Nylonstrümpfe, mit oder ohne Naht, die nach dem Krieg erschwinglich wurden (Nylon wurde 1938 als Ersatz für Seide erfunden), werden auch noch von den Frauen des 21. Jahrhunderts getragen.

Der steife Unterrock, der Petticoat, wich in den Sechzigerjahren einer geraden Linie; etwa gleichzeitig wurden der Hosenanzug für Frauen – am Tag und am Abend – und der Bikini am Strand «salonfähig». Yves Saint-Laurent, Pierre Cardin, Courrège, die Beatles, les blousons noirs, die Hippies – das sind Namen für Mode und Lebensstil in diesem Jahrzehnt. Nicht zu vergessen Mary Quant mit ihrer Erfindung des Minirocks und der Hotpants und des auffälligen Make-ups mit Schwarz und Silber.

Schliesslich nahm die Pop-Art in den Sechzigerjahren Einfluss auf das Produktedesign. (ie)

«Alltagswelten» lesen Sie weiter auf Seite 160.

In den 1950er-Jahren begannen Selbstbedienungsgeschäfte die traditionellen Tante-Emma-Läden – wo die Waren meist noch lose angeboten wurden – zu ersetzen. Die industriell hergestellten Konsumartikel kamen in den modernen Supermärkten vorverpackt in den Verkauf.

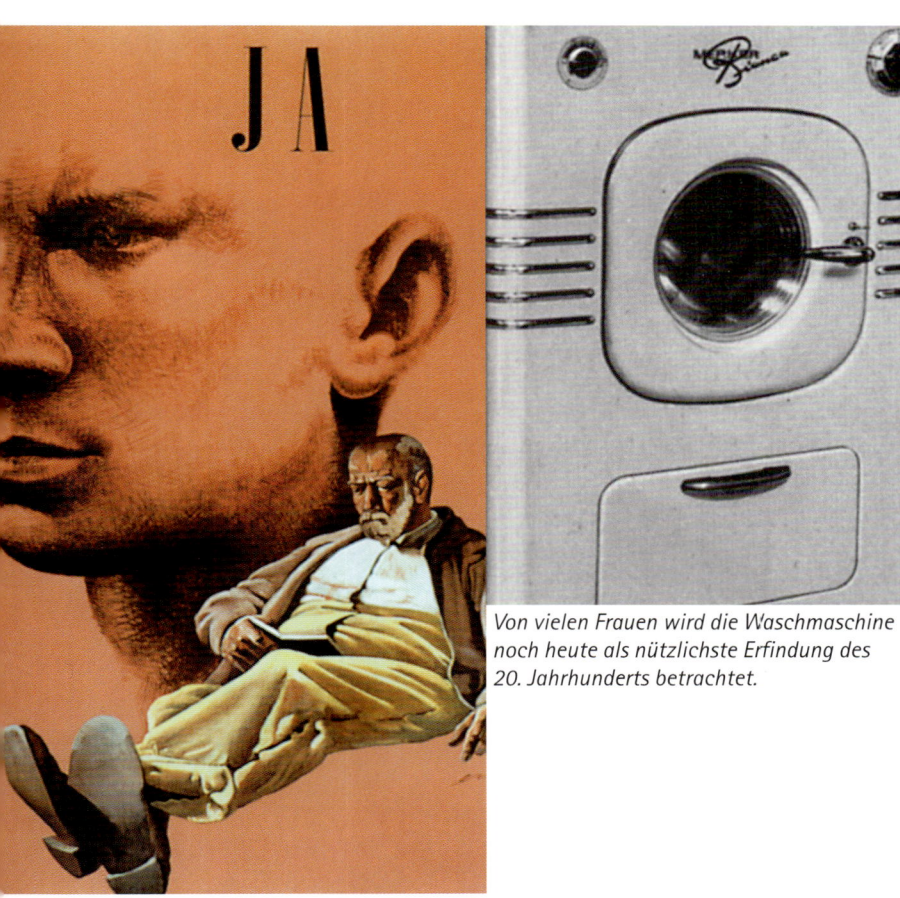

Von vielen Frauen wird die Waschmaschine noch heute als nützlichste Erfindung des 20. Jahrhunderts betrachtet.

Nach 1950 trat das Fernsehen als neues Massenmedium seinen Siegeszug an.

1947 nahmen die stimmberechtigten Schweizer Männer nach einem ersten gescheiterten Anlauf von 1931 das AHV-Gesetz an.

Neue Arten der Gastfreundschaft

Statt der grossen Abendempfänge, der Hauskonzerte und Diners wird die spätnachmittägliche Cocktailparty beliebt, eine Stehparty mit vielen Leuten, gedämpfter Beleuchtung und Hintergrundmusik. Eine solche Party lässt sich auch in relativ kleinen Wohnungen und ohne viel Mobiliar durchführen. Passend zur Party wird das Cocktailkleid kreiert: elegant wie ein Abendkleid, aber mit kurzem Rock.

Weitere Texte finden Sie in der Datenbank «Regionales Gedächtnis»:
- Seit 1968 spielt die Jugend politisch mit
- Porträt der Hebamme Anna Mollet

1946–1975 Politik und Presse

Die Jurafrage

Am 9. September 1947 lehnte das bernische Kantonsparlament bei der Verteilung der Verwaltungsdirektionen den aus dem Jura stammenden SP-Regierungsrat Georges Moeckli als Chef der Baudirektion ab – aus sprachlichen Gründen! Der «Fall Moeckli» lieferte den entscheidenden Funken ins bernisch-jurassische Pulverfass. Nun begann eine unaufhörliche Welle von Protesten, die schliesslich zur Kantonsgründung führen sollte. Seit 1979 zählt die Schweiz 23 Kantone.

Der Jura führt seine Eigenstaatlichkeit wie andere Westschweizer Kantone auf das Königreich Burgund zurück, welches 1032 mit dem römisch-deutschen Reich vereinigt wurde. Im Jahr 999 hatte König Rudolf III. den Bischof von Basel zum weltlichen Herrscher

«Es ist Zeit, Bern vom Jura zu befreien.» Karikatur aus «Le Jura libre» vom 21. Januar 1970.

Georges Moeckli (1889–1974).

Nach der Abstimmung 1974.

im Jura gemacht. Nach der Reformation zogen die Fürstbischöfe nach Pruntrut um. Der Nordjura galt als «Reichsboden», das südliche Gebiet als «Schweizer Boden».

In der Zeit der Revolution – zahlreiche Priester und sogar Weihbischof Gobel bekannten sich dazu – konstituierte sich im Norden die «Republik Raurachien», die sich bald mit Frankreich vereinigte. Der letzte Fürst flüchtete. Revolutionstruppen besetzten auch den Süden mit der Republik Biel, die unter der Oberherrschaft der Fürstbischöfe entstanden war. Auf dem Burgplatz tanzte man um den Freiheitsbaum. 1814/1815 tanzte dann in Wien der Kongress der antinapoleonischen Siegermächte. Frankreich war in die Grenzen von 1792 zurückverwiesen. Das ehemalige Fürstbistum kam als herrenloses Gebiet auf den diplomatischen Markt. Der Kongress überliess den Jura und Biel dem immer noch mächtigen Bern – als Trost für den Verlust der Untertanengebiete Waadt und Aargau. Biel, einst zugewandter Ort der Eidgenossenschaft mit Sitz und Stimme in der Tagsatzung, kam zum Amtsbezirk Nidau; der spätere Bezirk Biel wurde als zum «Alten Kanton» gehörig betrachtet.

Der Grosse Rat entschied 1815 gegen eine «zweite Meinung», die den neuen Gebieten eine Teilautonomie zusichern wollte. Bald danach kam es aus politischen, wirtschaftlichen und religiösen – in unserem Jahrhundert vor allem aus sprachlichen – Gründen zu autonomistischen Aufständen. Bern schickte immer wieder Besetzungstruppen in den Jura. Im «Kulturkampf» entliess der bernische Kirchendirektor fast die gesamte Priesterschaft (siehe auch Seite 49).

Die CVP, als im Jura wichtigste Partei, kam im Kanton nie zu Regierungsehren. 1918 löste die Bauern-, Gewerbe- und Bürgerpartei (BGB, heute SVP) die Freisinnigen als stärkste Partei ab. Sie berief sich in ihrem Programm auf das «gesunde Volksempfinden» und wandte sich gegen den «Internationalismus» der Linken und alle «unschweizerischen Erscheinungen». In der Jurafrage kämpften BGB, FDP und Sozialdemokraten zusammen mit fast drei Vierteln der

1946–1975 Politik und Presse

200 Abgeordneten als «Phalanx, die sich dem Bündnis der autonomistischen Kräfte entgegenstellte» (so der deutsche Bundeswehrhauptmann Harder in «Der Kanton Jura», 1978). 1947 hatte ein jurassischer Historiker geschrieben, im Zeitalter der Entkolonialisierung könnte auch eine neue Autonomiebewegung im Jura Erfolg haben. Ein Zürcher ETH-Historiker erklärte, die Entkolonialisierung gelte auch für Jurassier und andere Volksgruppen in der Welt: «Sie alle wurden einmal annektiert, unterworfen, kolonisiert, in den Schmelztiegel der Einheitsstaaten geworfen.» Die bernische Regierung lehnte aber auch nach 1947 eine Teilautonomie ab, wie sie nun die jurassischen Regierungsstatthalter vorschlugen.

1948 hatte sich in Moutier ein «Komitee zur Verteidigung der Rechte des Juras» gebildet. Parallel dazu entstand das «Rassemblement jurassien»; Jungseparatisten sammelten sich in der «Gruppe Bélier». Schliesslich kam es zu Terrorattentaten einer geheimen Splittergruppe FLJ (Front de libération jurassien), von der zwei Mitglieder nach der Gefangennahme ins Ausland flüchteten (und dort politisches Asyl erhielten!). Die Attentate galten vor allem den Liegenschaften in den Freibergen, die der Bund für die Schaffung eines Waffenplatzes angekauft hatte. «Zum Schutz des Bundeseigentums» wurde auf bernisches Ersuchen ein Infanterieregiment im WK 1968 mit Kriegsmunition ausgerüstet. Jurassische Offiziere protestierten, zahlreiche jurassische Armeeangehörige verweigerten «aus Patriotismus» den Militärdienst. Berntreue Jurassier bildeten parallel zu den separatistischen Organisationen eigene Vereinigungen; es kam zu blutigen Schlägereien, wobei die Polizei zeitweise die Anhänger Berns unterstützte. Die beiden Soziologieprofessoren Windisch (Genf) und

1815: Ausgeträumt

«Der Traum von einem Kanton Biel war ausgeträumt. Der Fall war tief und wurde in dem ehemals freien, mit der alten Eidgenossenschaft verbündeten Stadtstaat bitter empfunden. Nur widerstrebend fügte sich die Stadt dem Wiener Machtspruch – ganz hat sie dem Schicksal nie verziehen.»

(Guido Müller, alt Stadtpräsident, 1961)

In den 1980er-Jahren versuchten militante Gruppen der separatistischen Bewegung weiterhin auf die Jurafrage aufmerksam zu machen. Hier die Zerstörung des Berner Gerechtigkeitsbrunnens in der Nacht vom 12. auf den 13. Oktober 1986.

Willener (Lausanne) berichteten (in «Le Jura incompris», 1976) über Polizeiausschreitungen in Moutier: Faustschläge und Fusstritte gegen Frauen; ein blutig geschlagener Mann wurde liegen gelassen mit der Bemerkung: «Das Separatistenschwein soll verrecken.»

Eine «Kommission der guten Dienste», unter dem Vorsitz von alt Bundesrat Max Petitpierre, schlug wiederum eine Teilautonomie vor. Bern lehnte erneut ab. Es kam zum Plebiszit. 1974 ergab sich im gesamten Abstimmungsgebiet das allseits überraschende Resultat von 36 802 Ja- gegen 34 057 Nein-Stimmen, doch weitere Befragungen folgten. Der neue Kanton umfasste schliesslich nur noch die drei Nordbezirke Delsberg, Pruntrut und Freiberge.

Erst später wurde im Rahmen einer grösseren «Finanzaffäre» bekannt, dass die bernische Regierung – Richter und Partei zugleich – illegal beträchtliche Summen für den Abstimmungskampf eingesetzt hatte, so beispielsweise im Amtsbezirk Laufen. Das Bundesgericht bezeichnete hier einen ersten Volksbeschluss (Ja für den Verbleib bei Bern) als ungültig; in einer zweiten Befragung wählte das Laufental den Weg nach Baselland.

Anders als ihre Vorgänger erklärt jetzt die Berner SP-Regierungsrätin Dori Schär («Berner Zeitung» vom 29. Dezember 1998), sie sei nicht der Ansicht, «dass alles, was heute bernisch ist, bernisch bleiben muss», ja «die Autonomisierung, die wir im Berner Jura einzuleiten versuchen, könnte zu neuen Strukturen im ganzen Jurabogen führen». Die Jurafrage hat das politische Denken über den Kanton Bern hinaus entscheidend beeinflusst. (ms)

Weitere Texte finden Sie in der Datenbank «Regionales Gedächtnis»:
– Berner Finanzaffäre

1946–1975 Politik und Presse

Verlag und Druckerei Gassmann
Die Bieler Presse und der Nachkriegsboom

Telexapparat der Zeitungsredaktionen aus den späten 1940er-Jahren.

1942 trat Willy, Charles einziger Sohn, ins Geschäft ein. Bis zum Tode von Charles, 1954, leiteten der eher besonnene Vater und sein Sohn das Unternehmen gemeinsam und begannen, sich nach neuen Expansionsmöglichkeiten umzusehen. Mit der Übernahme des in Schwierigkeiten geratenen zweisprachigen Konkurrenzblattes «Express» leitete der energisch auftretende Willy Gassmann 1955 eine Pressekonzentration auf dem Platze Biel ein. Unter seiner Führung stieg die Auflagenzahl sprunghaft an. Zählte das «Bieler Tagblatt» 1949 eine Auflage von 9000 Exemplaren, betrug diese 1958 bereits 22 000 Exemplare. Mit der damit einhergehenden Zunahme des Inseratevolumens wuchs auch der Zeitungsumfang. Aus diesem Grund wurde 1958 eine neue MAN-Rotationsdruckmaschine in Betrieb genommen.

Willy Gassmann (1921–1992) Mitte der 1980er-Jahre. Er trat 1942 in das väterliche Geschäft ein und übernahm 1954 den Betrieb. Unter seiner Führung expandierten der Verlag und die Druckerei.

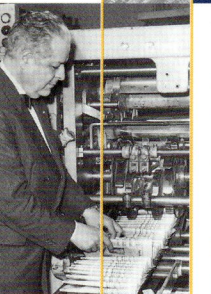

Vermutlich erkannte Willy Gassmann früher als andere die Zeichen der Zeit, und er packte seine Chance im Druckerei- und Verlagsgeschäft. Denn mit dem Ende des Zweiten Weltkriegs begann in der Schweiz ein 25 Jahre andauerndes Wirtschaftswachstum, das in der Geschichte einmalig ist. Als das bedeutendste Verlagshaus in der Region profitierte das Unternehmen von dieser Prosperitätsphase und konnte seine lokale Vormachtstellung stetig ausbauen.

Die starke Verlegerpersönlichkeit Willy Gassmann hat, mit der von ihm vorangetriebenen Pressekonzentration, im Raume Biel lediglich eine Entwicklung vorweggenommen, die sich in anderen Städten später vollzog.

Mit der Zersiedelung des schweizerischen Mittellandes, der zunehmenden individuellen Mobilität und dem Aufkommen der elektronischen Medien entstanden in den letzten Jahrzehnten völlig andere Konkurrenzsituationen. Eine Zeitung, insbesondere im Inseratemarkt, kann heute in der kleinräumigen und gleichzeitig stark vernetzten Schweiz

Satz des «Guide Gassmann». Seit 1864 druckte der Verlag Fahrpläne. Der in der ganzen Schweiz für sein handliches Format bekannte «Guide Gassmann» erschien bis 1972/1973.

Louis Schott verkaufte in den frühen 1960er-Jahren das «Bieler Tagblatt» und das «Journal du Jura» auf dem Zentralplatz.

«Bieler Tagblatt» vom 24. Juni 1974:
«Der Entscheid ist gefallen. Der Jura ist und bleibt gespalten, mit Sicherheit werden die unterlegenen südjurassischen Amtsbezirke von ihrem Recht Gebrauch machen und eine zweite Volksabstimmung verlangen. (...) Was geschieht mit dem Amtsbezirk Laufen, der nun zwei Jahre Zeit hat, sich zu besinnen, ob er später einmal als Enklave bei Bern bleiben oder sich beispielsweise Baselland anschliessen will? Und noch ungewisser ist das Gebiet des künftigen Kantons, denn angrenzende Gemeinden können immer noch von ihrem Optionsrecht Gebrauch machen. Das könnte vor allem den Amtsbezirk Moutier spalten. (...)» Hermann Böschenstein

kaum mehr völlig auf sich alleine gestellt bestehen, wie es noch vor ein paar Jahrzehnten der Fall war. Und in einer Zeit, da der zürcherische Grossraum in der Deutschschweiz Handel und Wirtschaft im Allgemeinen und das Verlagswesen im Speziellen an sich zieht, bedeutet die Herausgabe einer unabhängigen Tageszeitung in einer Stadt von der Grösse Biels viel. Auch wenn in der Tat mit jeder verloren gegangenen Zeitung ein Teil der hiesigen Meinungsvielfalt verschwindet, dürfen wir nicht vergessen, dass die wichtigste publizistische Grundregel – nämlich die politische Freiheit der Presse – in der Schweiz garantiert ist. Zu diesem Thema schrieb Roger Blum in der «Weltwoche» vom 2. April 1992: «Lieber eine freie Zeitung als zehn gelenkte, lieber ein freies Radio als drei zensurierte.» Mit dem Übergang vom Blei- zum Filmsatz, im Jahre 1979, widmete sich Willy Gassmann auch dem betrieblichen Ausbau der Firma. Auch hier zeigte es sich wieder, dass er geschäftspolitisch und auch technisch stets «am Ball» blieb. Denn diese – sehr hohe Investitionen bedingende – Umstellung stellt seit der Erfindung Gutenbergs die wichtigste technische

1946–1975 Politik und Presse

Bleisatz.

Die Redaktion des «Journal du Jura» in den 1960er-Jahren. Am Telefon der damalige Chefredaktor Jean-Pierre Maurer.

Innovation im Druckereigewerbe dar. Anders als viele andere Unternehmer, die diese elektronische Revolution (zu) spät erkannten, hat Willy Gassmann die neue Technologie schnell in sein Unternehmen integriert.

Presse und Politik

Nach dem Zweiten Weltkrieg hatte sich der Verlag, insbesondere das «Bieler Tagblatt»/«Seeländer Bote» und das «Journal du Jura» in Biel, im Seeland und im südlichen Jura fest etabliert. Die beiden Tageszeitungen verstanden sich als bürgerlich-neutrale Blätter. In der Jubiläumsausgabe des «Seeländer Boten» vom 1. Februar 1949 lesen wir: «Parteipolitische Spekulationen und Ambitionen auf die Gunst dieser oder jener Richtung liegen uns fern, was uns gilt, ist dem seeländischen Volk aus und zu dem Herzen zu sprechen.» Gegenüber den drängenden Konflikten, die die damalige politische Diskussion zu beherrschen begannen, nehmen die Unternehmer jedoch eine klare Haltung ein, wenn sie weiter unten fortfahren: «Während sich auf dem weltpolitischen Forum ein gigantisches Ringen zwischen West und Ost, der so genannte ‹Kalte Krieg› (...) abspielt, führen wir selbst in unserem räumlich kleinen Feld einen solchen Kampf, der entschieden gegen alle Verstaatlichungstendenzen und Enteignungen sowie die Verteidigung der persönlichen Freiheiten eingestellt ist, wie sie in unserer Verfassung verankert sind, ebenso hochhält wie den Gedanken demokratischer Regeln in der Bestimmung des Staatskurses.» (Ch. + W. Gassmann)

Getreu dem Motto, allen dem liberalen Gedankengut und dem Rechtsstaat verpflichteten Bürgern in der Region ein Sprachrohr zu sein, entfaltete sich der Verlag weiter und weiter.

Mit dem Übergang zu einer Forumszeitung im Jahre 1966 trat nun das «Bieler Tagblatt» nicht mehr als freisinniges Organ auf. Als äusseres Zeichen dieses Wechsels erschien die Zeitung erstmals mit einem farbigen Layout.

Diese Dynamik machte es potenziellen Herausforderern schwierig, ein Konkurrenzblatt zu lancieren.

JOURNAL DU JURA

TRIBUNE jurassienne

Principal quotidien d'information et de publicité du Jura, paraissant à Bienne

FERNSEHEN 1959

Dienstag, 3. November
eine Sendung.

Mittwoch, 4. November
Deutsche Schweiz
7.15 Kinderstunde in französischer Sprache.
8.15 Ende.
9.15 Tagesschau.
9.30 Vor 20 Jahren: Die militärische Landesverteidigung.
9.50 Die Sprache der Vögel. Ein Eurovisionsfilm der RAI.
10.15 Filmsaison 60.
11.00 Heute. — Kommentare und Berichte.

Ein neuer Widersacher auf dem Platz Biel erwuchs dem Verlag erst wieder 1978 mit der gratis verteilten Wochenzeitung «Biel-Bienne».

In den bewegten 1960er- und 1970er-Jahren galt das von Willy Gassmann geführte «Bieler Tagblatt» als eher konservativ ausgerichtete Zeitung. Das jeweils am Donnerstag erscheinende «Biel-Bienne» verstand sich als publizistischer Gegenpol zur Gassmann-Tagespresse und sah sich als progressive Alternative. (mn)

«Verlag und Druckerei Gassmann» lesen Sie weiter auf Seite 164.

«Bieler Tagblatt» vom 18. Oktober 1955:

«Radioausstellung. Im grossen Saal des Hotels «de la Gare» ist bis am Donnerstag eine interessante Radioausstellung etabliert. (...) Neben einer grossen Zahl modernster Radioapparate jeder Grösse und Preisklasse ist auch die Abteilung der Fernsehapparate reich dotiert. Marken wie Biennophone, Philips, Telefunken, Sabag, Graetz und andere wetteifern um die Gunst der Besucher. Die Vorführungen auf dem Bildschirm, welche jeweils abends um 20.30 Uhr beginnen, sind in mancher Beziehung sehenswert und zeigen, dass die Übertragungsverhältnisse heute schon als ideal anzusprechen sind. Jedenfalls fehlt es weder an Bildschärfe noch allgemein am Empfang.»

Weitere Texte finden Sie in der Datenbank «Regionales Gedächtnis»:
– Freie Bieler Bürger
– Porträt von Claire-Lise Renggli

1976–1999 Wirtschaft und Gesellschaft

Welt der Industrie
Von der Industrie- zur Dienstleistungsregion

Transjurane: Viadukt von Frinvillier.

Das von der Ingenieurschule Biel entwickelte Solarmobil, die «Spirit of Biel-Biene II», gewann 1990 den World Solar Challenge in Australien.

Die weltweite Rezession nach der Ölkrise 1973 traf die Industrie in Biel und im Berner Jura sehr hart. Zahlreiche Redimensionierungen und Betriebsschliessungen bewirkten in den Folgejahren einen Rückgang der Beschäftigung im industriellen Sektor, wobei die noch immer dominierende exportorientierte Uhrenindustrie besonders betroffen war. In Biel gingen zwischen 1975 und 1985 rund 3200 Arbeitsplätze im industriellen Sektor verloren, wovon mehr als 80% der Uhrenindustrie zuzurechnen waren. Dies weist auf einen tief greifenden Strukturwandel der Industrie im Zuge der Rezession hin; es fand ein Diversifikationsprozess statt, in dessen Rahmen sich die Maschinenindustrie als neuer Leitsektor etablierte.

Dieser Prozess der Diversifikation war sowohl in Biel, wo 1977 ein städtisches Wirtschaftsförderungsamt seine Arbeit aufnahm, als auch im Berner Jura durch staatliche Förderungsmassnahmen unterstützt worden. Nach einer weiteren Rezession 1981/1982 gelang beiderorts zumindest vereinzelt die Ansiedlung neuer Industriebetriebe, und dank dem erfolgreichen Strukturwandel in der Uhrenbranche, die ihren organisatorischen und technologischen Rückstand wettmachte, erholte sich der Industriesektor nach 1985 (siehe auch Seite 146f.). Bezogen auf die gesamte Volkswirtschaft allerdings, gewann der Dienstleistungssektor in der ganzen Region weiter an Bedeutung. 1980 überschritt auch die traditionelle Industriestadt Biel die Grenze zur Dienstleistungsgemeinde, in der mehr als die Hälfte aller Erwerbstätigen im tertiären Sektor beschäftigt waren.

1991 war in Biel nur noch ein Drittel der Arbeitsplätze dem industriellen Bereich zuzurechnen; der Anteil der Uhrenindustrie an der Gesamtzahl der Beschäftigten fiel auf 7%. Weil es an Bauland fehlte, verlagerten viele Betriebe ihre Produktion aus der Stadt in

Vergleich der Pendlerbewegung im Raum Biel 1950/1980

	In der Gemeinde wohnhafte Berufstätige	Wegpendler	Zupendler	In der Gemeinde arbeitende Berufstätige
1950	24 566	1136	4773	28 203
1980	27 557	3767	12 933	36 723

Mit der zunehmenden individuellen Mobilität und dem Ausbau der öffentlichen Verkehrsmittel wuchs die durchschnittliche Distanz zwischen Arbeits- und Wohnort.

andere Gemeinden, und ehemalige Industriebauten, wie die Gebäude der Diametal AG und der Métallique, wurden neu genutzt. An die Stelle des nach aussen gerichteten Wachstums trat ein Wachstum nach innen, durch Umnutzung von Gebäuden und Flächen. Obwohl sich nach der Aufgabe der Verschiebebahnhofpläne der SBB bis 1991 im Bözingenfeld 82 neue Betriebe in der dortigen Industriezone angesiedelt hatten, mussten in erster Linie die Maschinen- und Metallindustrie zu Beginn der Neunzigerjahre einen erneuten Einbruch hinnehmen, von dem sich die Wirtschaft erst in den letzten Jahren erholen konnte. (dw)

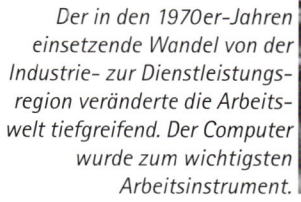

JOURNAL DU JUR

Lundi

Oui à la N5: en avant toute!

Wilde Deponie als negative Seite der Konsumgesellschaft.

Waldschäden nach dem verheerenden Sturm «Lothar» vom 26. Dezember 1999 in Ins. Die Auswirkungen von Naturkatastrophen auf die Verkehrsnetze und die Stromversorgung offenbaren die Komplexität unserer heutigen Lebensweise.

Der in den 1970er-Jahren einsetzende Wandel von der Industrie- zur Dienstleistungsregion veränderte die Arbeitswelt tiefgreifend. Der Computer wurde zum wichtigsten Arbeitsinstrument.

Weitere Texte finden Sie in der Datenbank «Regionales Gedächtnis»:
- Von der Zifferblattfabrik zur Polizeiwache
- Glückliche Verspätung: Autobahnbau in der Region
- 1982: In Hermrigen schoss leider kein Öl aus dem Boden

1976–1999 Wirtschaft und Gesellschaft

Die Modernisierung der Uhrenindustrie

Die Uhrenindustrie fand neue Anwendungsgebiete. Hier ein Fotosprint an den Olympischen Spielen von Seoul 1988.

Zu Beginn der Siebzigerjahre geriet die Uhrenindustrie in eine heftige Krise. Die Nachfrage nach mechanischen Uhren, auf deren Herstellung die schweizerische Uhrenindustrie nach wie vor fixiert war, ging angesichts der zunehmenden Konkurrenz durch preisgünstige Quarzuhren rapid zurück. Die Rezession nach der Ölkrise 1973 verstärkte den Rückgang der Nachfrage, so dass der Anteil der Schweiz an der Weltmarktproduktion zwischen 1970 und 1985 von 44% auf 13% zusammensackte. Mehr als die Hälfte aller Uhrenfirmen musste in diesem Zeitraum geschlossen werden, wodurch rund zwei Drittel der einstmals 90 000 Arbeitsplätze verloren gingen. Besonders stark von der Krise betroffen waren die Uhrenregionen Biel und Berner Jura, wo die Uhrenindustrie ihre dominierende Stellung an den Maschinensektor verlor.

Die wirtschaftliche Krise destabilisierte die Strukturen der Uhrenunternehmen ebenso wie die Beziehungen zwischen Bund, Banken und Uhrenfirmen. Auf die Forderung vieler verschuldeter Uhrenbetriebe nach finanzieller Stützung durch den Staat und die Banken reagierte der Bund mit dem Gesetz zur Finanzierungsbeihilfe für wirtschaftlich bedrohte Regionen, auf dessen Grundlage innovative Vorhaben industrieller und gewerblicher Art gefördert werden sollten. Die Politik der öffentlichen Hand zielte darauf ab, über regionalpolitische Massnahmen und unter Einbezug der betroffenen Akteure die wirtschaftlichen Rahmenbedingungen und die Kooperation zwischen den staatlichen Institutionen, den Banken und den Unternehmungen zu verbessern.

In der kriselnden Berner Uhrenindustrie fand diese Politik in verstärkten Sanierungsbemühungen der Banken ihren Niederschlag. Diese gipfelten 1983 in der spektakulären Fusion der beiden Bieler Holdinggesellschaften Allgemeine schweizerische Uhrenindustrie (Asuag) und Société suisse pour l'industrie horlogère (SSIH) zur Société Suisse de

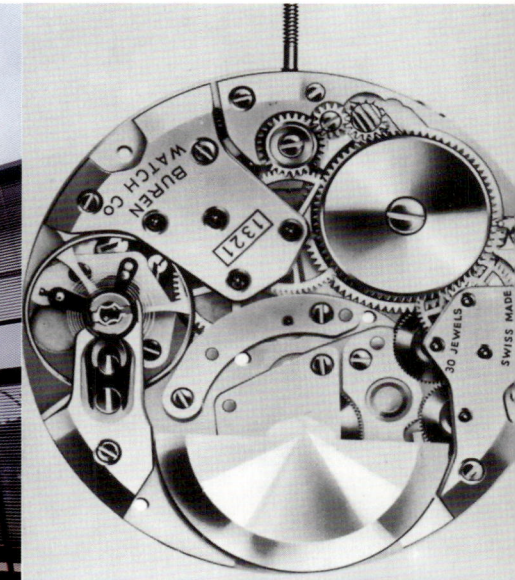

Dass die Uhrenindustrie in den letzten Jahren wieder Fuss fassen konnte, beweist auch das neue Gebäude der Rolex im Bözingenmoos.

Die wirtschaftlichen Veränderungen führten vielerorts zu leer stehenden Fabrikationshallen. Die Ateliers der 1902 erbauten Uhrenfabrik «Record» in Tramelan wurden beispielsweise in Lofts umgewandelt.

Microélectronique et d'Horlogerie (SMH). Der von einer Investorengruppe um Nicolas G. Hayek geführte Konzern fand nach 1985, wie die gesamte Uhrenindustrie, zum Erfolg zurück. Die Lancierung der Swatch (siehe auch Seite 163), aber auch strukturelle Veränderungen in den Bereichen Elektronik und Betriebsorganisation bescherten der schweizerischen Uhrenindustrie bis in die Neunzigerjahre ein neuerliches Wachstum; sowohl der Weltmarktanteil an der Uhrenproduktion wie auch die Beschäftigungszahlen konnten, dank einer starken Steigerung der Produktivität und staatlichen Investitionshilfen von zwei Milliarden Franken, stabil gehalten werden (siehe auch Seite 22f.). (dw)

Weitere Texte finden Sie in der Datenbank «Regionales Gedächtnis»:
- Der Siegeszug der Swatch
- Porträt von Nicolas G. Hayek
- Jura: die Macher der Uhren und ihre Spuren

1976–1999 Wirtschaft und Gesellschaft

Landwirtschaft
Globalisierung und Ökologie

Die Massenproduktion von Fleisch führte oft zu einer unwürdigen Tierhaltung.

Intensiv genutzte Felder im Seeland.

Die Zeit nach 1970 ist gekennzeichnet durch die wachsende Kritik nichtbäuerlicher Kreise an der Landwirtschaft und durch bäuerliche Unzufriedenheit mit der staatlichen Agrarpolitik. Gerieten die Bauern durch die Produktionseinschränkungen auf der einzelbetrieblichen Ebene in der zweiten Hälfte der 1970er-Jahre in ein unlösbares Dilemma, so beklagten die Steuerzahler die steigenden Kosten für einen schrumpfenden Sektor, und die Umweltschützer wiesen mit zunehmender Ungeduld auf die ökologischen Schäden hin, welche die Flurbereinigung im Interesse der Produktivitätssteigerung hinterliess. Mitte der Achtzigerjahre wurde diese in sich zwar widersprüchliche, sich aber mittlerweile flächendeckend manifestierende Kritik noch durch das Anliegen der grossen Agrarexporteure überlagert, das Handelsvolumen zu vergrössern. So rückte die dritte grosse Neuorientierung der staatlichen Agrarpolitik ins Blickfeld. Die im Seeland besonders hohe Wellen werfende Ablehnung des Zuckerbeschlusses im Herbst 1986 fiel nicht zufällig zeitlich mit dem Beginn der Gatt-Uruguay-Runde zur Liberalisierung des Agrarhandels zusammen.

Viehbestand im Seeland und im Südjura

Jahr	Anzahl Pferde im Seeland	Anzahl Pferde im Südjura	Anzahl Rindvieh im Seeland	Anzahl Rindvieh im Südjura	Anzahl Schweine im Seeland	Anzahl Schweine im Südjura
1790	4006	2500	11328	13000	7618	1800
1847	3787	2836	14642	16005	8177	2195
1886	3194	2348	21162	18843	13243	5417
1911	4679	2779	32891	21514	18967	5219
1946	6204	4549	32098	19840	18786	6477
1966	2783	2069	37121	26988	45507	13902
1978	1462	1306	40637	31051	59598	12900
1988	1423	1385	35763	30372	44488	10120

Südjura mit Laufental

Mit der Mechanisierung der Landwirtschaft am Ende des 19. Jahrhunderts nahm auch die Zahl der Pferde wieder zu. Die Motorisierung nach dem 2. WK machte diese nun aber zusehends wieder überflüssig. Den Fleischhunger in der zweiten Hälfte des 20. Jahrhunderts ersehen wir insbesondere aus der wachsenden Zahl der Schweine, welche zu einem Teil der landwirtschaftlichen Produktionsmaschinerie wurden.

Mit Demonstrationen reagierten die Bauern auf den zunehmenden Globalisierungsdruck.

Schon vor Abschluss dieser von der Schweiz wesentlich mitgeprägten Verhandlungen wurden die grossen Linien der Agrarreform sichtbar, die unter den Schlagworten «mehr Markt» und «mehr Ökologie» stand; bisherige Preisstützungen wurden schrittweise abgebaut und durch Direktzahlungen zur Abgeltung gemeinwirtschaftlicher und ökologischer Leistungen ersetzt.

Die Bauern reagierten mit vielfältigen Strategien auf den Abbau der staatlich gestützten Marktordnungen: Die einen wichen in Nischen aus und versuchten, ihre Produkte direkt zu vermarkten; andere wollten mit einer beschleunigten Rationalisierung dem zusätzlichen Wettbewerbsdruck standhalten, wie er durch den weggefallenen Zollschutz verursacht wurde. Eine dritte Gruppe schliesslich konzentrierte sich auf die Landschaftspflege, um so die staatlichen Transferleistungen in Form von ökologisch legitimierten Direktzahlungen langfristig zu sichern. Eine vierte Gruppe versuchte schliesslich, mit Dienstleistungen aller Art und dem Abbau landwirtschaftlicher Tätigkeiten den neuen Anforderungen gerecht zu werden, die aus dem Landwirt einen Gastwirt machen sollten. (pm)

1976–1999 Kultur

Baugeschichte der Stadt Biel
Industriezonen und ökologisches Bauen

Das Verlagsgebäude der W. Gassmann AG wurde 1993 im Bözingenmoos bezogen.

Wie in anderen Städten der Schweiz wuchs auch am Rande Biels gegen Ende des 20. Jahrhunderts eine Industriezone auf der grünen Wiese, deren Architekten nicht mehr auf bestehende Ästhetik Rücksicht nehmen mussten, sondern zweckdienliche, rein rational geplante und oft futuristisch gestaltete Gebäude aus neuartigen Materialien entwarfen. Fassaden mussten vor allem pflegeleicht und wärmedämmend sein. Das Design der Gebäude wurde zum Bestandteil des äusseren Erscheinungsbilds einer Unternehmung. Im Übrigen wurde die markanteste Veränderung des äussern Aspekts von Neubauten wohl durch die Energiekrise bewirkt.

Neben diesem augenfälligen Wachstum am Stadtrand hat sich innerhalb der alten Stadtviertel auch manches verändert. Das Stadtplanungsamt zählt im dritten Viertel des Jahrhunderts rund 100 Neubauten. Besondere Aufmerksamkeit verdienen drei architektonisch wegweisende Bauten: das von Flurin Andry gestaltete Swisscom-Gebäude an der Aarbergstrasse (1991), der von den Architekten Girsberger und Hausammann geplante Erweiterungsbau der UBS (Schweizerischer Bankverein, 1993) und das von Henri Mollet entworfene, 1999 fertig gestellte Warenhaus Loeb an der Nidaugasse.

Mit dem direkten Anschluss ans Schweizer Autobahnnetz dürften neue Voraussetzungen für Biels wirtschaftliches Wachstum gegeben sein. Ob aber Biel im 21. Jahrhundert jene Stadt wird, von welcher Architekt Fritz Haller in seiner Auftragsstudie «Biel 2000» träumte, sei dahingestellt. Bedenkenswert ist indes die Grundidee, dass ein grosser Fussgängerraum alle innenstädtischen Brennpunkte miteinander verbinden würde. Die anschliessenden Gebiete sollten mit hoher Dichte überbaut werden und möglichst viele Wohnungen nahe an die Arbeitsplätze bringen. Wie auch immer. Mögen die künftigen Gestalter die Idealvorstellung des Städteplaners Pietro Hummel realisieren: «Festliche Strassen und Plätze, Blumen, Springbrunnen und Kunstwerke. Lasst uns wieder echte, lebendige und schöne Städte bauen.» (jt)

Das 1999 eingeweihte neue Lehrgebäude der Schweizerischen Hochschule für die Holzwirtschaft an der Solothurnstrasse. Die vorgehängte Holzfassade besteht aus unbehandeltem Eichenholz.

1976–1999 Kultur

Welt des Sports
Die jüngste Zeit: Einzelsportler verdrängen die Teams

Der EHC Biel: Schweizer Meister der Saison 1980/1981. In der Mitte Willy Gassmann, der langjährige Präsident des Klubs.

Die Bieler Tennisspielerin Christiane Jolissaint war in den 1980er-Jahren zeitweise auf Platz 27 des ATP-Rankings klassiert.

In neuerer Zeit wurde der EHC Biel auf nationaler Ebene zum Prunkstück des Seeländer Sports. Eine effiziente Klubführung, sowohl im finanziellen wie auch im technischen Bereich (Willy Gassmann/Georges Aeschlimann), fachkundige ausländische Trainer und die Verpflichtung starker Spieler ergaben eine regelrechte «Force de frappe». Resultat: Nach dem ersten Titel 1978 wurde der EHC Biel 1981 und 1983 noch zweimal Schweizer Meister. Gegenläufig verlief die Entwicklung im Fussball. Ab Mitte der Siebzigerjahre spielte der FC Biel stets in der NLB, ehe 1989 der Abstieg in die 1. Liga und eine Saison später gar der freie Fall in die 2. Liga folgten. Vier Saisons lang quälte sich der Stadtklub in den Niederungen des regionalen Fussballs ab. 1994 kehrte er immerhin in die 1. Liga zurück und

Der im Madretschquartier aufgewachsene Bieler Radrennsportler Daniel Gisiger.

Szene aus dem legendären Viertelfinal-Cupspiel zwischen dem 1.-Ligisten FC Lengnau und dem NLA-Vertreter FC Basel 1987.

etablierte sich dort als Spitzenklub. Um aber höhere Ziele anzustreben, fehlten dem Stadtklub bisher schlicht das Geld und eine gewisse Zuschauerresonanz. Eine – allerdings nur kurz andauernde – Überraschung gelang dem FC Aurore, der in der Saison 1981/1982 sogar in der NLB mit von der Partie war. Dem SV Lyss blieb Gleiches versagt. Der heute stark abstiegsbedrohte Erstligist bestritt 1988 und 1994 ohne Erfolg die NLB-Aufstiegsspiele. Überhaupt erlitten die Mannschaftssportarten in Biel in jüngster Zeit erhebliche Rückschläge. Davon war auch das Eishockey betroffen: Infolge der Kostenexplosion mussten kleinere Brötchen gebacken werden, und seit 1994 figuriert der EHC Biel in der NLB. Die Bieler Handballer, die in den Siebziger- und Achtzigerjahren in der NLB und kurzfristig sogar in der NLA gespielt hatten, stiegen 1994 in die 1. Liga ab. Auch die Fusion von Gym Biel und HC Biel zum HS Biel brachte den Bieler Handball – zumindest vorderhand – nicht weiter. Auch im Volleyball liegen die ganz grossen Zeiten Biels schon etwas zurück: die späten Siebzigerjahre nämlich. Derzeit spielen aber beim VBC Biel die Frauen und beim VBC Nidau die Männer immerhin in der NLB.

Empfindliche Rückschläge musste die Bieler Sportszene jedoch auch in Einzelsportarten hinnehmen. Insbesondere in der Leichtathletik sind die Erfolge, im Vergleich mit früheren Zeiten, sehr dünn gesät. Immerhin ist Martin Stauffer der derzeit beste Schweizer Hochspringer und mehrfacher Meister. Jean-Marc Muster war vor Stauffer Schweizer Meister im Hürdenlauf.

Andere Einzelsportler der Region konnten sich erfreulicherweise aber national und teilweise sogar international profilieren. Daniel Gisiger war als Radrennfahrer schon zu

1976–1999 Kultur

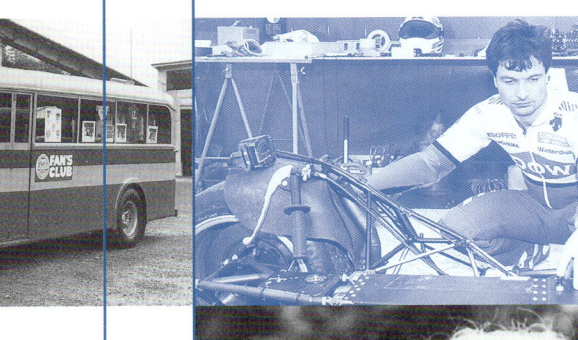

Rolf Biland ist einer der erfolgreichsten Rennfahrer aller Zeiten. In der Sparte Seitenwagen wurde er fünfmal Weltmeister.

Die Mountainbikerin Silvia Fürst wurde 1994 Weltmeisterin im Crosscountry.

Der Bieler Etienne Dagon wurde 1984 zum «Schweizer Sportler des Jahres» gewählt.

Amateurzeiten internationale Klasse und von 1978 bis 1989 im Einzelzeitfahren Weltklasse bei den Profis. Der Bargener Hans Känel war von 1970 bis 1987 auf Bahn und Strasse ein Allrounder par excellence; seine Profilaufbahn brachte ihm Erfolge in Japan und Australien ein.

Ein wahrer Dauerbrenner war der Seitenwagen-Motorradrennfahrer Rolf Biland aus Bühl bei Aarberg. Der 5fache Weltmeister (1978, 1979, 1981, 1983 und 1992) ist mit 64 Grand-Prix-Siegen einer der erfolgreichsten Rennfahrer aller Zeiten. Adrian Bosshard (Nidau/Biel) war von 1980 bis 1989 mehrfacher Landesmeister im Motocross. Später trat er auch erfolgreich als Grand-Prix-Rennfahrer in Erscheinung.

Imposant nimmt sich die Erfolgsliste des Bieler Pistolenschützen Otto Keller aus. Auch Alex Tschudi aus Lengnau tat sich in dieser Disziplin hervor. Gleiches kann von Susanne Müller aus Studen und von Caroline Müller aus Twann gesagt werden. Beide wurden Schweizer Meisterin in der Rhythmischen Sportgymnastik (seit kurzem Rhythmische Gymnastik genannt). Die Porter Eiskunstläuferin Nathalie Krieg konnte sich auch international profilieren, was in den letzten Jahren auch Lena Göldi aus Safnern im Judo und

1978: Der EHC Biel wird erstmals Schweizer Meister

Schon in der Saison 1976/1977 wurde beim EHC Biel mit dem Tschechoslowaken Frantisek Vanek erstmals ein vollamtlicher Trainer verpflichtet. In der Spielzeit 1977/1978 wartete Präsident und Mäzen Willy Gassmann schliesslich mit spektakulären Neuzuzügen auf.

Bei Halbzeit der Saison 1977/1978 lag der EHC Biel knapp hinter Bern und Langnau auf dem dritten Platz. Die Seeländer steigerten sich in der zweiten Saisonhälfte, und das Kopf-an-Kopf-Rennen der drei Berner Klubs hielt bis zum Saisonende an. Der EHC Biel hatte den längsten Atem und gewann erstmals den Meister-Titel, nicht zuletzt, weil der SC Bern in Langnau die Emmentaler bezwang. Die Begeisterung im Eisstadion war riesig – Biel war im Schweizer Eishockey zu einer Macht geworden. Die Formation der Meister der Saison 1977/1978: Anken; Zenhäusern, Kölliker; Dubuis, Flotiront; Latinovic, Lindberg, Stampfli; Lardon, J. Kohler, D. Kohler; Blaser, Burri, Widmer. Lott hatte sich kurz vor Saisonende verletzt.

---

dem Brügger Marcel Fischer im Degenfechten gelang. In Erinnerung bleiben auch die Erfolge der Nidauer Mountainbikerin Silvia Fürst, die 1994 Weltmeisterin im Crosscountry wurde und 1996 die Olympischen Spiele in Atlanta bestritt.

Grosserfolge feierten in den letzten Jahren aber auch andere Seeländer Sportler: Die Curler von Biel-Touring gewannen 1992 den Weltmeister-Titel. Der Möriger Curler Daniel Müller gehörte als Nummer zwei dem Team von Lausanne-Olympique an, das 1998 in Nagano die olympische Goldmedaille gewann. Dreimal WM-Gold errang der Brügger Orientierungsläufer Christian Aebersold (1991, 1993 und 1995) mit der Staffel. Die Radelfinger Mountainbikerin Sari Jörgensen schliesslich, trat in die Fussstapfen von Silvia Fürst. Sie gehört seit kurzem im Downhill zur internationalen Elite und errang nach dem Junioren-Weltmeister-Titel 1999 bei den Frauen WM-Bronze. Der Busswiler Francesco Rosa wurde Ende der Siebzigerjahre zweimal nacheinander Vizemeister im Militärischen Fünfkampf. 1981 gewann er mit der Schweiz den WM-Titel in der Mannschaftswertung.

Hans Bollinger aus Nods hat sich in den Neunzigerjahren als Gleitschirmflieger in der Weltklasse etabliert. Im Frauen-Eishockey errangen die Lysserinnen im ablaufenden Jahrzehnt vier Meister-Titel und stellten auch wichtige Spielerinnen für das Nationalteam.

Und schliesslich wurde der Seeländer Sport in den letzten Jahren nicht nur durch Athletinnen und Athleten, sondern auch durch einen Grossanlass bekannt. Der legendäre 100-Kilometer-Lauf wurde weiterum zu einem echten sportlichen Markenzeichen Biels. (kt)

Weitere Texte finden Sie in der Datenbank «Regionales Gedächtnis»:
– Eishockey-Internationaler Jakob Kölliker

1976–1999 Kultur

Graffiti – Kunst oder Schmiererei

Graffiti gibt es, seit der Mensch existiert. Als erste Graffiti gelten einige Höhlenbilder. Später ritzten ägyptische Sklaven beim Bau der Pyramiden von Gizeh ihre Namen in die riesigen Bausteine ein. Dokumentierte Beispiele von Graffiti gibt es zu jeder Epoche. Obwohl viele davon verboten angebracht wurden, gelten sie heute als Kunst, oder zumindest als kulturelles Zeitdokument. 1983 wird in Biel, wie in fast allen westlichen Städten, diese Tradition der Wand-«Malereien» wieder aufgenommen und neu interpretiert. Mit Sprühbildern und so genannten «Tags» (siehe Kasten) hinterlassen Jugendliche – ebenfalls

Die Sgraffito-Technik

Graffiti sind ursprünglich in eine Mauer eingekratzte Inschriften. Bei der eigentlichen Sgraffito-Technik werden zwei oder mehrere Schichten verschiedenfarbigen Putzes aufgetragen, das Muster entsteht anschliessend durch Auskratzen der obersten oder der zwei obersten Schichten. Heute werden mit Graffiti die Werke der Sprayer bezeichnet, weil die ersten «Tags» an die im antiken Pompeji eingekratzten Inschriften – eben Graffiti – erinnerten. (ie)

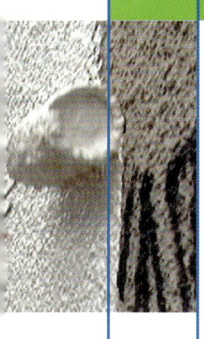

ohne die Erlaubnis einer Autorität – ihre Spuren. Dennoch werden diese Sprayereien von Kunstschaffenden oder Kunsthistorikern als Kulturgut anerkannt.

Ihren Anfang nahm die Graffitibewegung in New York; sie zählt wie Breakdance und Rap-Musik zur Hip-Hop-Kultur.

Die Sprayer kennen verschiedene Motivationen für ihr nächtliches Tun: kreatives Ausleben ihrer selbst, die Suche nach dem Abenteuer oder Graffiti als Möglichkeit, sich von der Masse abzuheben. Sie bevorzugen dafür den öffentlichen Raum, da sie auf der Strasse mehr Menschen als in Museen erreichen.

Zur Verfolgung dieser Künstler/Schmierfinken wurde, wie in vielen Städten, auch in Biel eine Sonderabteilung bei der Polizei eingerichtet. Diese versucht mit allen Mitteln, Sprayer zu überführen. Ihr Aufgabenspektrum reicht von der Prävention bis zur Strafverfolgung. Die Polizei kann nur selten einen Sprayer in Aktion ertappen – Biel ist zu gross, um lückenlos überwacht werden zu können – und so muss sie sich damit begnügen, die Werke zu fotografieren und zu katalogisieren. Die Aufnahmen dienen als Grundlage für eine Anzeige wegen Sachbeschädigung.

Die Ermittlungen gegen die Sprayer sollten nach dem Grundsatz der Verhältnismässigkeit durchgeführt werden. Die praktizierten Methoden wie Observationen, Hausdurchsuchungen und andere Repressionen scheinen jedoch oft unverhältnismässig. Auch steigt die Aufklärungsrate der Bieler Polizei trotz dem Einsatz dieser Mittel nicht merklich an. Die – je nach Sichtweise – konsequente oder starre Politik der Stadtregierung hat bisher zur Lösung des Graffitiproblems nicht wesentlich beigetragen. Die systematische Verteufelung der Sprühbilder und «Tags» nahm den Bieler Sprayern zudem die Möglichkeit, ihre Anliegen und Bedürfnisse vorurteilsfrei zu artikulieren, und verhindern das Gespräch zwischen Geschädigten und Sprayern. Auf solch einseitig gedüngtem Boden wird wahrscheinlich eine fruchtbare Lösung noch längere Zeit auf sich warten lassen.   Thomas Balmer (tb)

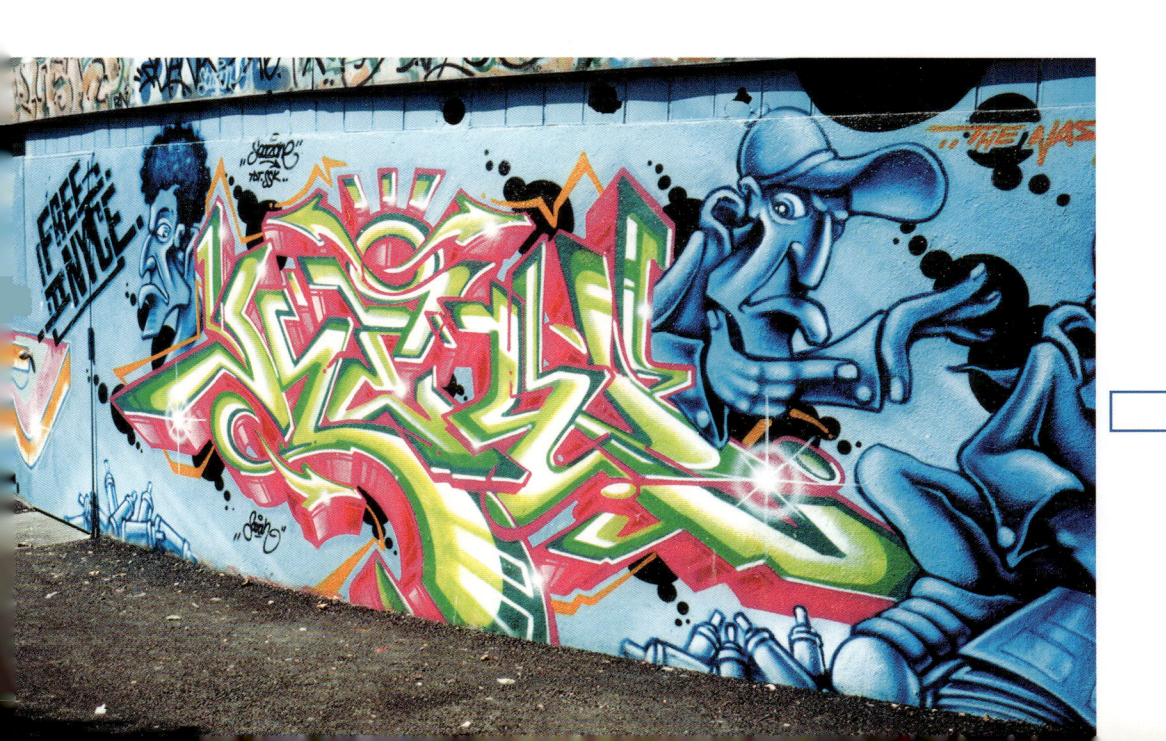

1976–1999 Kultur

«Tags»

Ende der Siebzigerjahre entwickelte sich der Hip-Hop zur Subkultur in New York. Einige Jahre später wurde er durch Filme wie «Beatstreet» und «Wildstyle» nach Europa exportiert, wo er sich rasch ausbreitete. Hip-Hop ist Breakdance, Rap und Graffiti. Graffiti heisst, sich darzustellen, um in der sonst so monotonen Umwelt aufzufallen. Dazu sucht sich der Writer (Sprayer) ein Pseudonym und schreibt diesen Namen in Form von Bildern oder «Tags» mit der Spraydose an Wände, Züge und alles, worauf Betrachterinnen und Betrachter einen Blick werfen könnten. Je mehr Menschen das Pseudonym eines Writers sehen und wieder erkennen, desto grösser ist sein Ruhm – der Fame. Die Jagd nach Fame ist ein wesentlicher Inhalt des Sprayens. Um möglichst stark aufzufallen, hat der Sprayer zwei Möglichkeiten: Qualität oder Quantität. Entweder sprüht er farbige Bilder, welche allerdings eine gewisse Zeit in Anspruch nehmen, oder er taggt. Die «Tags» sind die Unterschriften der Writer und können in kurzer Zeit dutzendfach gesprayt werden. Um sich von anderen Sprayern zu unterscheiden, ist der Writer ständig dabei, seinen eigenen Stil weiterzuentwickeln und zu vervollkommnen. Dadurch wird jedes Bild sehr individuell, und man kann bereits aufgrund seines Stils den Macher erahnen.

1976–1999 Alltag

Alltagswelten
Zwischen Ozonloch und Mikrowelle

Bieler Haute Couture aus den 1990er-Jahren.

Sponsoren machen Mode
«Die finanzkräftigen Sponsoringmanager haben die Mode entdeckt. Die Crédit Suisse beispielsweise, die von gedopten Radfahrern die Nase voll hat, baut ihr Mode-Engagement kontinuierlich aus. Sie unterstützt heute den ‹Prix Boléro›, hat das in der Romandie stattfindende Modespektakel ‹PLATe-FORM› initiiert und engagierte sich seit einem Jahr bei der Luzerner Designerplattform Gwand.» («Weltwoche» vom 9. September 1999)

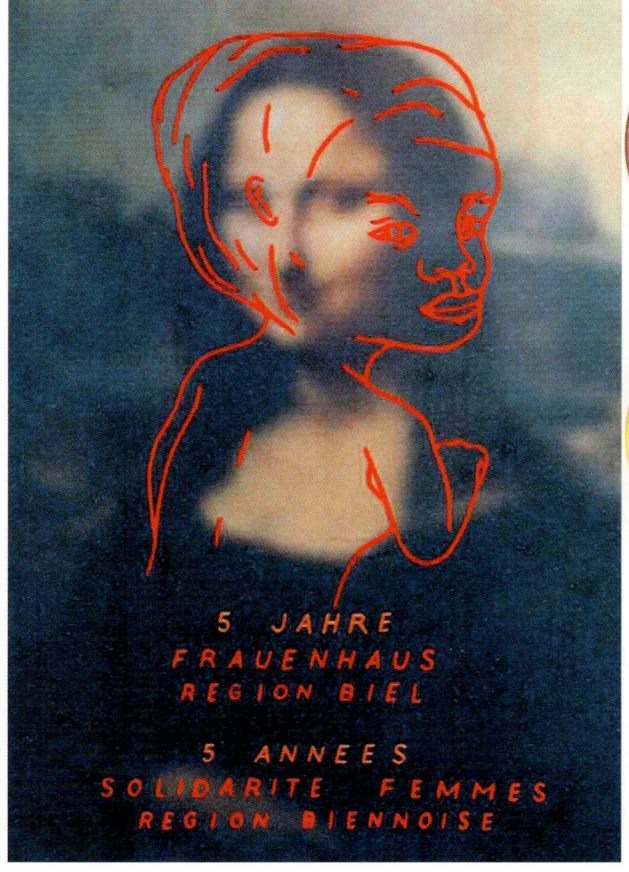

Politische Ansichten wurden neu als modische Accessoires in den Alltag hinausgetragen.

Trotz aller seit den 1970er-Jahre erkämpfter Rechte sind viele Frauen auf Unterstützung und oft auch auf Schutz vor Gewalt angewiesen.

Das letzte Viertel des 20. Jahrhunderts wurde 1975 mit dem Schweizer Jahr der Frau, dem europäischen Jahr für Denkmalpflege und Heimatschutz sowie einem weltweit nachhaltigen wirtschaftlichen Krisenjahr begonnen. In diesem Jahr wurde in Biel erstmals eine Stadtratspräsidentin gewählt, Biel konnte im eidgenössischen Schutzinventar als Ortsbild von nationaler Bedeutung eingestuft werden, und die General Motors schlossen ihre Montagehallen an der Salzhausstrasse für immer und entliessen 417 Mitarbeiter (siehe auch Seite 90ff.).

Das Vierteljahrhundert brachte den Frauen in der Schweiz erstmals politische Macht, einen beachtlichen Zuwachs an beruflichen Möglichkeiten, wirtschaftliche Unabhängigkeit und persönliche Freiheit – die Pille hat insbesondere dazu beigetragen.

Die freie Liebe für Mann und Frau ist allerdings bald durch das Auftreten von Aids wieder in Grenzen gehalten worden.

Neue Lebens-, Wohn- und Arbeitsformen bilden sich heraus; Partnerschaften, Wohngemeinschaften, Jobsharing neben der herkömmlichen Ehe und Familie und dem lebenslangen Vollzeitberuf. Rezession, Arbeitslosigkeit, Globalisierung verlangen Flexibilität. Dies bleibt nicht ohne Wirkung auf Haushalt und Wohnen. Wohn-, Ess- und Schlafzimmer verlieren ihre festen Grenzen, das Mobiliar, früher zur Hochzeit fürs Leben

1976–1999 Alltag

Die Verfügbarkeit

Dr. Emil A. Blösch (1901–1976), seinerzeit Gesandter in Istanbul, richtete sich in seinem Haus in Biel, dem Lindenhof, türkisch ein. Er war einer der wenigen, die damals in einem fremden Land leben konnten. Heute reist jedermann rund um den Globus, bringt Souvenirs mit und den Geschmack für das Exotische, das der Grossverteiler dann wie zufällig bereits in sein Sortiment aufgenommen hat.

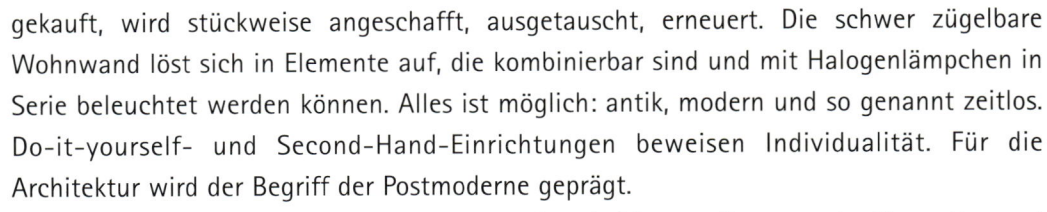

gekauft, wird stückweise angeschafft, ausgetauscht, erneuert. Die schwer zügelbare Wohnwand löst sich in Elemente auf, die kombinierbar sind und mit Halogenlämpchen in Serie beleuchtet werden können. Alles ist möglich: antik, modern und so genannt zeitlos. Do-it-yourself- und Second-Hand-Einrichtungen beweisen Individualität. Für die Architektur wird der Begriff der Postmoderne geprägt.

Die Wegwerfmentalität wird durch das bescheiden aufkommende Umwelt- und Energiebewusstsein etwas ausbalanciert. Das Ökohaus mit Holzheizung, Wärmepumpe, Sonnenkollektoren, Wasserzisterne, asbestfrei gebaut mit einheimischem Holz und ohne giftige Chemikalien, ist das Traumhaus vieler, die am Einfamilienhaus auf dem Land festhalten.

Und die «Grüne Witwe» emanzipiert sich mit dem Zweitauto.

Neben Fastfood und Mikrowelle ist in vielen Privatküchen aber auch «Retro» in, seit Hobbyköche diese mit währschaften Geräten und Apparaten ausstaffieren. Versandhäuser, Spezialgeschäfte und Zeitschriften liefern das Gesuchte.

Waren bis nach 1950 die vier Elemente der Wohnung: Luft, Licht, Wasser, Wärme wichtig, so sind es heute auch Lift, Loft, Kabel (Unterhaltungselektronik, PC, Internet) und Kübel (Entsorgung/Mülltrennung).

Auch das postmoderne Design will das Leben verschönern und den Alltag erleichtern; es ist spielerisch und eklektisch. Wenn die Funktion darunter leidet, sprechen Fachleute von «Error Design», wie etwa bei Philippe Starcks spinnenfüssiger Orangenpresse oder dem berühmten Alessi-Wasserkessel.

Und das Ozonloch zwingt nicht nur bei Produkten zum Umdenken, sondern auch bei Verpackungen, die rezyklierbar sein müssen, und damit auch beim Design.

In der Mode behält die Jugend weiterhin die führende Rolle; sie ist unkonventionell und oft mit Accessoires aus Grossmutters Zeiten garniert. Unisex bei Sport- und Alltagsmode ist beliebt.

1967 kam der so genannte «Buggy» auf dem Markt und wurde schnell zu einem Verkaufsschlager. Das abgebildete Modell stammt von 1994.

Das in den 1980er-Jahren erstmals auftretende Aids-Virus setzte den eben erst erreichten Freiheiten in der Liebe wieder Grenzen.

Die Pariser Haute Couture wird weitgehend von Japanern, Deutschen und Engländern kreiert. Dressmen und Models geben den Ton an; Cindy Crawford wirbt für Omega.
Die Mode, die alles erlaubt, betrifft nicht mehr nur die zweite und die dritte Haut des Menschen, sondern auch seine erste, die sich dauerhaft durch Tattoo und Piercing attraktivieren lässt.
Die Kinder der Auto fahrenden Familie brauchen den Buggy, Mädchen die Barbie-Puppe und Buben ihren Nintendo-Gameboy. Als Schulkinder tragen sie dann sowieso am liebsten Markenkleidung und Marken-(Turn-)Schuhe. (ie)

Swatch

In Biel beginnt in der Rezession die Erfolgsstory der Plastikuhr Swatch, die zum Kultobjekt wird. Billiges Material, kühnes, witziges, intelligentes Design und cleveres Marketing, das dem Käufer, Träger oder Sammler der Uhr Individualität bescheinigt. Ein Billigprodukt, das man wie das Hemd wechseln, das man verlieren, verschenken, austauschen und sammeln kann; kurz, das Objekt, das dem Zeitgeist am besten entspricht (siehe auch Seite 146f.).

1976–1999 Politik und Presse

Verlag und Druckerei Gassmann
Umzug ins Bözingenmoos

Marc Gassmann (geboren 1948) baut den Betrieb zum modernen Kommunikationsunternehmen aus.

In den 1970er-Jahren kamen solche Papierloch-streifen-Setzmaschinen zum Einsatz.

Seit 1975 trat Marc Gassmann als Mitverleger auf. Bis zum Tode Willy Gassmanns, im Jahre 1992, führten Vater und Sohn das Unternehmen gemeinsam. Dieses Team modernisierte die Zeitungen, gestaltete sie grafisch neu und baute sie redaktionell aus. Die Familien-AG an der Freiestrasse drohte nun aber aus allen Nähten zu platzen. Eine bauliche Erweiterung an Ort und Stelle war jedoch unmöglich, und so sah sich der Betrieb gezwungen, ins Industriegebiet Bözingenmoos umzuziehen. 1989 konnte hier das neue Druckereizentrum in Betrieb genommen werden. Die moderne 64-Seiten-Offsetrotation (eine Uniman 4/2) erlaubte es nun, die Zeitungen mehrfarbig zu drucken. 1993 dann – jetzt bereits unter der alleinigen Leitung Marc Gassmanns – konnte auch das gleichenorts erstellte Verlagshaus bezogen werden.

Neue Medien und rasantes Wachstum der Druckerei

Auch für Marc Gassmann – den Vertreter der siebten Generation dieser Buchdruckerdynastie – gibt es keinen Stillstand. Allein schon mit dem Umzug in den hochmodernen Druck- und Bürokomplex im Bözingenmoos, wo gleichzeitig auch der ganze Maschinenpark erneuert worden ist, unterstreicht die W. Gassmann AG, dass sie einen hohen Leistungsstandard und wirtschaftliche Eigenständigkeit bewahren will.

In den letzten Jahren gingen das «Bieler Tagblatt» und das «Journal du Jura» als attraktive Partner Kooperationen im Inseratebereich – und zum Teil auch im redaktionellen Bereich – ein. Der Berner Zeitungspool (BZP) umfasst die Titel «Berner Zeitung», «Berner Oberland Zeitung», «Walliser Bote» und «Bieler Tagblatt». Die Zusammenarbeit des «Bieler Tagblatts» mit der «Neuen Mittelland Zeitung» ergänzt diese Verbindung. Das «Journal du Jura» ist mit

«Bieler Tagblatt» vom 25. September 1998:
«fre. Was bedeuten Sprayereien für Sie? Wollte das BT von den Gesprächsteilnehmern wissen. Hans Stöckli: ‹Sprayen ist ein Reizwort und bewirkt in unserer Gesellschaft Spannungen. Das Problem sind die ‹Tags› und nicht die Graffiti.› Othmar Schürmann: ‹Was mit Einwilligung des Hauseigentümers gesprayt wird, seien dies nun ‹Tags› oder Graffiti, und sich verkaufen lässt, ist Kunst. Alles, was ohne Einwilligung gemacht wird, ist ein Verbrechen.› (...) Tarkin: ‹Sprayer differenzieren nicht zwischen Kunst und Verbrechen. Für mich ist es in erster Linie eine Form, sich auszudrücken; sei dies nun mittels ‹Tags› oder Graffiti.› Pascal, anonymer Sprayer: ‹Sprayen bedeutet für mich das Leben und eine Kunst mit einem teilweise schlechten Beigeschmack.›»

den beiden Kombis «4 x 4 Plus» – «Express», «Impartial» und «Quotidien Jurassien» – und «ROC» – eine Erweiterung des «4 x 4 Plus» um die Titel «Liberté» und «Nouvelliste» – ebenfalls bestens im nationalen Inseratemarkt vertreten.

Das Bieler Unternehmen hat seinerseits in den letzten Jahren im Bereich des mehrfarbigen, qualitativ anspruchsvollen Drucks ein rasantes Wachstum erzielt. 1992 betrug dessen Anteil am Gesamtumsatz noch weniger als 20 Prozent. Seither hat sich der mehrfarbige Druck im obersten Qualitätssegment neben dem Medienbereich, mit einem Anteil von nun rund 50 Prozent am Umsatz, zum gleichbedeutenden, zweiten Standbein der Firma entwickelt.

Die zielbewussten Marketing- und Verkaufsanstrengungen sowie eine kundennahe Geschäftspolitik haben dazu geführt, dass zu den traditionellen Auftraggebern aus der Uhren- und Maschinenindustrie seit kurzem auch Kunden aus der boomenden Kommunikationsbranche sowie aus der Luxusgüter-, Kosmetik- und (Kultur-)Bücherbranche stossen. Dieser Leistungsausweis zeigt, dass die W. Gassmann AG heute beim qualitativ hoch stehenden Mehrfarbendruck zu den Topunternehmen gehört.

Gleichzeitig ist das Unternehmen im Bereich der neuen Medien sehr aktiv. Der engagierte Internetauftritt und die Beteiligung am lokalen Fernsehsender «TeleBielingue» unterstreichen den Glauben an die Zukunft deutlich.

Ein weiterer Markstein in der Geschichte des Medienunternehmens wird bereits langsam sichtbar. Hinter dem Bieler Bahnhof entsteht zurzeit ein neues, vom Verleger Marc Gassmann initiiertes Medienzentrum, das auch die Partner von «Canal 3» und «TeleBielingue» sowie weitere Mieter aufnehmen wird. Dessen Infrastruktur soll während der Dauer der geplanten Landesausstellung auch von der Expo.02 genutzt werden.

(mn)

Weitere Texte finden Sie in der Datenbank «Regionales Gedächtnis»:
– Porträt Christine Beerli-Kopp

2000 + Aussichten

Die Globalisierung

Als ob sich die Uhr schneller drehen würde, können wir in den letzten Jahren einen rasanten Wandel in fast allen Lebensbereichen beobachten. Auf der politischen Ebene rücken Staaten enger zusammen, in der Wirtschaft erlangen der schnelle Zugang zu Informationen sowie die offene Kommunikation immer grössere Bedeutung. Mikroelektronik, Biotechnologie und die Neuen Medien feiern Erfolge. Moderne Dienstleistungsfirmen und Industrieunternehmen entstehen. Im Zuge des ökonomischen und sozialen Strukturwandels gehen altgediente Industriezweige verloren oder deren Vordenker betreten im veränderten Umfeld neue Wege.

Wichtige Entscheidungen werden heute und in Zukunft supranational getroffen, traditionelle Firmen und Marken gehen in international auftretenden Firmen und grenzenlosen Märkten auf.

Die Auswirkungen dieser historischen Entwicklung auf das kulturelle und alltägliche Leben erfahren wir sowohl in der Freizeit beim Einkaufen, Zeitunglesen, Radiohören und Fernsehen, wie auch während der Arbeit. Reisen in ferne Länder, Kommunikation per E-Mail mit uns fremden Menschen, das jederzeit einsatzbereite Handy und die Aussicht auf ein längeres Leben, welches uns die moderne Medizin verspricht, werden in den westlichen Ländern für immer mehr Menschen Realität und können als Vorboten des kommenden 21. Jahrhunderts betrachtet werden.

Regionales Selbstvertrauen

Der Trend zur Globalisierung von Wirtschaft, Gesellschaft und Politik und das Bedürfnis nach lokaler und regionaler Eigenständigkeit schliessen sich jedoch gegenseitig keineswegs aus. Viele Institutionen, Firmen und Einzelpersonen wenden sich vermehrt den lokalen und regionalen Bedürfnissen, Eigenheiten und Stärken zu. Der Wert der unmittelbar erlebbaren Umwelt wird bewusster erfahren und rückt ins Zentrum sozialer, ökonomischer, ökologischer und kultureller Überlegungen und Interessen.

Der Strukturwandel bietet dem lokalen Gewerbe neue Chancen. Die Anbindung an die weltweiten Informationsnetze und der Ausbau der Verkehrsinfrastruktur eröffnen der Region Biel, Seeland und Berner Jura neue Perspektiven. Einerseits können örtliche KMUs für ihre Produkte und Dienstleistungen mittels der Informations- und Kommunikationstechnologie weltweit günstig werben und diese uneingeschränkt anbieten. Andererseits werden auch in Zukunft Wissen, Information und Produktequalität stets ihren lokalen und regionalen Charakter bewahren.

Nach einem Jahrzehnt volkswirtschaftlicher Ungewissheit und hohen Arbeitslosenzahlen kündigt sich heute ein wirtschaftlicher Aufschwung an. Der private Konsum sowie die Investitionsfreudigkeit nehmen wieder zu, und die Arbeitslosigkeit ist auf den tiefsten Stand seit den frühen 1990er-Jahren gesunken. Dieser positive ökonomische Trend zeigt sich auch bei der Entwicklung der kommerziellen Inserate und der Stellenangebote. Die Firma W. Gassmann AG kann in diesen Bereichen eine zunehmende Nachfrage feststellen.

Die W. Gassmann AG im 21. Jahrhundert
Der Verlag und die Druckerei W. Gassmann AG stellen sich den Herausforderungen des nächsten Jahrhunderts mit viel Zuversicht. Bereits im Jubiläumsjahr setzt das Unternehmen neue Markteine. Digitaler Workflow, Computer-to-plate und eine neue 8-Farben-Bogenoffsetmaschine, welche eine hohe reproduzier- und kontrollierbare Qualität garantiert, stellen anspruchsvolle und zukunftsorientierte Projekte dar. Diese Investitionen verändern auf der einen Seite den Arbeitsablauf – von der Herstellung bis hin zum Verkauf des fertigen Produkts – tiefgreifend. Auf der anderen Seite heben sie den Anspruch der Firma hervor, das Auftragsvolumen zu steigern und neue Kunden zu gewinnen. Dieser konsequente Weiterausbau der Druckerei verkörpert ein zentrales Element des Firmenziels – nämlich ein kontrolliertes und kontinuierliches Wachstum zu ermöglichen.
Doch auch die weiteren, zukunftsweisenden Vorhaben stehen klar im Dienste dieses Unternehmensziels. Der Bezug des neuen Medienzentrums im November 2000, die Investitionen in die Neuen Medien (Internet und TeleBielingue), der weitere Ausbau der Multimediadatenbank und die wachsende Bedeutung des Cross-Media-Nutzens von Radio, Fernsehen und Printmedien, dienen alle der Absicht, ein Firmenwachstum von rund zehn Prozent zu erzielen.
Für die Firma W. Gassmann AG gilt folglich sowohl heute wie auch im 21. Jahrhundert: «Wir wollen zu den Besten gehören.» (mn)

150 Jahre W. Gassmann AG

Das Jubiläum

Am 1. Januar 2000 – also genau 150 Jahre nach der erstmaligen Herausgabe des «Seeländer Boten» – blieb es im Hause Gassmann ungewöhnlich ruhig. Kein anderer Anlass, auch keine Jubiläumsfeier, hätte mit den Festivitäten zu dem mit Bangen und Hoffen erwarteten ersten Tag des Jahres 2000 konkurrieren können. Ob in New York, Tokio oder Biel – der historische Datumswechsel wurde weltweit gefeiert. Gleichzeitig sassen tausende Computerspezialisten an ihren Terminals und hielten nach dem gefürchteten Millennium-Bug Ausschau.

Die Jubiläumsfeierlichkeiten der W. Gassmann AG hatten jedoch bereits im Dezember 1999 mit der Herausgabe der beiden Sondernummern «150 Jahre Gassmann» der Tageszeitungen «Bieler Tagblatt» und «Journal du Jura» einen ersten Höhepunkt erreicht.

Das Motto, die Bevölkerung sowie Organisationen, Firmen und Vereine der Region Biel, Seeland und Berner Jura stets ins Zentrum ihrer Firmenaktivitäten zu rücken, stand auch bei allen folgenden Jubiläumsaktionen im Vordergrund. Das Kunstprojekt der beiden Tageszeitungen, der Aufbau der Multimedia-Datenbank «Regionales Gedächtnis», der Sponsoring-Wettbewerb, die beiden Jubiläumsfeste im Mai 2000 und die Herausgabe dieses Buches, stellen die charakteristische Verflechtung der Firma mit der Region dar. Sie drücken sowohl den Dank an die treue Leserschaft ihrer beiden Tageszeitungen, als auch den Dank für das dem Verlag und der Druckerei von Partnern und Kunden entgegengebrachte Vertrauen aus.

Das Jubiläumsfest

Ein grosses Festzelt erwartete die 500 geladenen Gäste am 18. Mai 2000 auf dem Strandboden. Das vom Büro Integral MC, Biel perfekt inszenierte Jubiläumsfest der W. Gassmann AG wird allen Anwesenden noch lange in Erinnerung bleiben. Die Prominenz aus Politik, Wirtschaft, Kultur und Sport erlebte ein wahres Spektakel an musikalischen und akrobatischen Darbietungen und erfreute sich gleichzeitig an kulinarischen Leckerbissen.

Stimme, Geige und Akkordeon des Duos Jaël, Gaukelei und Jonglage-Show der Zauberer und Akrobaten Christoph Borer, Michel Gammenthaler, Romano Carrara und Lukas Weiss sowie das abschliessende grosse Finale mit Githe Christensen, Nico Brina, Buddy Dee und rund hundert jungen Sängerinnen und Sängern, stellten die künstlerischen Höhepunkte des Abends dar.

Diese beeindruckenden Attraktionen sowie die Ansprachen von Ständerätin Christine Beerli, Regierungsrat Mario Annoni und Verleger Marc Gassmann, konnte das Publikum auf drei grossen, im Festzelt verteilten, Grossleinwänden verfolgen. Der faszinierende Gegensatz zwischen der eingesetzten modernen Medientechnik und dem flackernden Lichtspiel der unzähligen Tischkerzen erinnerte einmal mehr an das Motto des Jubiläumsjahres: «150 Jahre Kommunikation – wir feiern Zukunft.» (mn)

«Die Parallelen zwischen Region und Unternehmen sind offensichtlich und deshalb gehen auch die Wünsche für die Zukunft für beide in dieselbe Richtung. Eine eigenständige, starke, weltoffene Region braucht eigenständige, in der Region verankerte Medien.» (Christine Beerli)

«Si le canton de Berne est le pont entre la Suisse romande et la Suisse alémanique, Bienne est le pont dans le canton de Berne entre la partie alémanique et le Jura bernois. Mais le bilinguisme ne va pas de soi: il doit être cultivé, soigné et surtout pratiqué. On ne peut dès lors que remercier Marc Gassmann pour son engagement concret en faveur du bilinguisme.» (Mario Annoni)

«Die unterschiedliche, zweisprachige Kultur in dieser einheitlichen Sprach- und Kommunikationsregion ist eine ausserordentliche Chance, die wir mit allen unseren Medienaktivitäten pflegen wollen. Denn wir glauben seit über 150 Jahren an die Zukunft eben dieser Region. Es ist unser erklärtes Ziel, auch in Zukunft unsere unternehmerische Selbstständigkeit zu wahren. Der kontinuierlichen Pflege unserer Kernkompetenzen der Kommunikation gilt deshalb unsere volle Aufmerksamkeit.» (Marc Gassmann)

Am 20. Mai 2000 feierten rund 500 Personen, Mitarbeiterinnen und Mitarbeiter mit ihren Partnerinnen und Partnern, ihr grosses Fest im Zelt auf dem Strandboden.

Sponsoring-Wettbewerb

Bereits im November 1999 wurden Vereine, Institutionen und Firmen der Region Biel, Seeland und Berner Jura, welche im Jahr 2000 ebenfalls Grund zum Feiern haben, zur Teilnahme am Sponsoring-Wettbewerb der W. Gassmann AG aufgerufen. Den Gewinnern dieses Wettbewerbs winkte ein grosszügiger Beitrag zur Realisierung ihres Projekts sowie eine bevorzugte Medienpräsenz. Es freut uns, an dieser Stelle den Hauptgewinnern nochmals herzlich zu gratulieren und ihnen für die Zukunft viel Erfolg zu wünschen. (mn)

> **Gewinner:**
>
> *1. Preis:*
> – 10 Jahre Rebgesellschaft Twann, für das Lichtprojekt «Viniterra».
>
> *2. Preis:*
> – 75 Jahre Seeländischer Frauenturnverband Aegerten, für das Projekt «Brücken bauen – Verbindung schaffen».
> – 500 Stunden bilingue Angebote und drei Jahre Vernetzung der Elternbildung Biel für das Projekt «Über die Sprachgrenzen hinaus».
>
> *3. Preis:*
> – 20 Jahre Cepob Reconvilier, für das Projekt «A la découverte des oiseaux de la région».
> – Start der Kulturspur Lyss, für das Projekt «Ecomuseum Seeland».
>
> *Spezialpreise:*
> – 10 Jahre Therapeutische Wohngruppe Biel für ihre Jubiläumsfeier.
> – 15 Jahre Ecole des Parents Bienne et environ für das Projekt «En avant les Clowns!».
> – Schweizerische Stiftung Feriendorf Twannberg, für die Einweihung des Streichelzoos.
> – 5 Jahre TouLaRe, Hindelbank, für den Angebotsführer «Seeländer-Produkte».

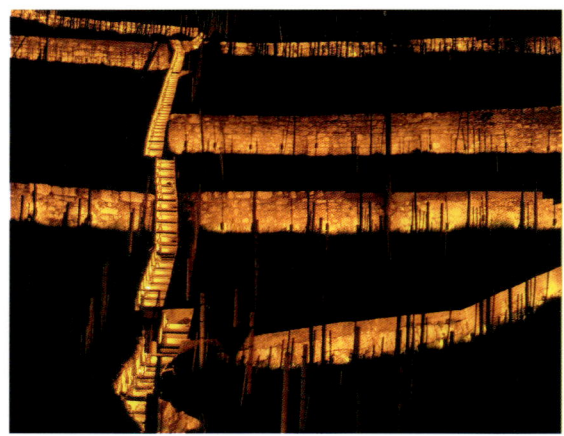

Der erste Preis des Sponsoring-Wettbewerbs ging an die Rebgesellschaft Twann mit ihrem Projekt «Viniterra». Ulrich Studer ist es mit seinem Kunstwerk gelungen, am Karfreitag des Jahres 2000 schätzungsweise zwischen 30 000 und 40 000 Besucherinnen und Besucher zu erfreuen. Das grösste, je in der Schweiz inszenierte Land-Art-Projekt dauerte nur eine Nacht. Die Lichter in den Reben über dem Bielersee werden in den Bildern und in der Erinnerung der Menschen jedoch unvergesslich bleiben.

Kunstprojekt «Vergangenheit – Gegenwart – Zukunft»

Verleger Marc Gassmann ist ein Kunstfreund. So wundert es nicht, dass er im Vorfeld der Jubiläumsaktivitäten für ein kreatives Brainstorming mit seinen Künstlerfreunden Urs Dickerhof, Pietro Travaglini und Martin Ziegelmüller zusammentraf. Daraus entstand das umfangreichste Kunstprojekt, das je eine Schweizer Tageszeitung lanciert hat. Unter Einbezug der jüngeren Generation – Wolfgang Zät, Flavia Travaglini, Jocelyne Jeandupeux Dickerhof – publizierte das Bieler Tagblatt ab Dezember 1999 bis Mai 2000 nicht weniger als 13 Künstler-Panorama-Seiten. Dabei hatten die sechs Kunstschaffenden innerhalb von «Vergangenheit – Gegenwart – Zukunft» völlig freie Hand. Entsprechend vielfältig waren die Resultate. Martin Ziegelmüller vergrub sich ins Zeitungsarchiv und hob seine Zweitbegabung – die des Schreibens – auf den Schild: satirische (Medien)-Geschichten aus der Froschperspektive. Pietro Travaglini förderte mit Akribie und Forschergeist die Zeichen der Zeit zutage und formte sie unter den Stichworten «War», «Ist» und «Wird» zum Kaleidoskop. Urs Dickerhof liess Böses und Liebliches durch den Fleischwolf der Libido passieren und präsentierte die Bildfragmente als Collagen, begleitet von lyrischen Texten.

Wie wandelbar der Begriff «Zeit» ist, den die jüngere Generation bearbeitete, zeigte das Spektrum der weiten, fliessenden Landschaft von Wolf Zät über die mit Präzision und Witz gestaltete «Buchstabensuppe» von Flavia Travaglini bis zum multimedialen «Eclair sur l'éternité» von Jocelyne Jeandupeux. Den Abschluss der Reihe bildete eine zwölfteilige Gemeinschaftslithografie des «Väter»-Trios. Ziel des Projekts war nicht nur das Veröffentlichen von Bildern, als Gegenstücke zu den Texten in der Zeitung. Vielmehr sollte über das Moment der Irritation, des Anderen, der Trott des Gewohnten durchbrochen und Fenster zu Neuem geöffnet werden. Und dies auf einem Weg ohne Schwellen – Kunst, die einfach da ist, auf die man unverhofft stösst, die man betrachten kann – oder auch umblättern. (az)

Gemeinschaftslithografie von Urs Dickerhof, Pietro Travaglini und Martin Ziegelmüller.

www.BielSeelandBernerJura.ch

Regionales Gedächtnis

Möchten Sie gerne noch mehr über die Geschichte der Region Biel, Seeland und Berner Jura erfahren? Dann besuchen Sie unsere Datenbank «Regionales Gedächtnis» im Internet.
Die Firma W. Gassmann AG hat es sich zur Aufgabe gemacht, historische Dokumente zu sammeln und diese unter der Adresse www.BielSeelandBernerJura.ch allen Interessierten online zur Verfügung zu stellen. Das «Regionale Gedächtnis» will einerseits das Leben der Region in den vergangenen 150 Jahren in all seinen Facetten darstellen. Andererseits möchte die W. Gassmann AG dazu beitragen, historische Dokumente – bevor diese verloren gehen – für die Zukunft zu retten.
An dieser Stelle möchten wir nochmals allen privaten Sammlerinnen und Sammlern sowie allen öffentlichen Archiven, die uns ihre historischen Dokumente ausgeliehen haben, herzlich danken.

Textdatenbank: Zeitgeschichte – Geschichten in der Zeitung
Am Ende einiger Texte in dieser Jubiläumsschrift wird auf Artikel hingewiesen, die das jeweils besprochene Thema vertiefend betrachten. Diese weiterführenden Beiträge finden Sie im «Regionalen Gedächtnis» unter der Rubrik «Textdatenbank».
Falls Sie zu Hause nicht über Internetanschluss verfügen, können Sie die gewünschten Texte auch gerne bei uns unter folgender Adresse anfordern.
W. Gassmann AG, Archiv «Regionales Gedächtnis», Längfeldweg 135, 2501 Biel.

Bilddatenbank: Geschichte im Bild
Bilddokumente spielten in der Geschichtswissenschaft lange Zeit eine völlig untergeordnete Rolle. Meistens wurden sie lediglich als illustratives Beiwerk für Publikationen verwendet. Erst in letzter Zeit avancierte das fotografische Bild zu einer zeitgeschichtlichen Quelle ersten Ranges. Alte Fotografien stellen Zeugnisse einer längst vergangenen Welt dar. Besuchen Sie diese Welt im «Regionalen Gedächtnis», wo unzählige historische Bilddokumente abgelegt sind.

Filmdatenbank: Bewegte Geschichte
Amateurfilm, Familienfilm, Heimkino. Lange Zeit stand der private Film ganz im Schatten des grossen kommerziellen Kinos. Was eher verächtlich als dilettantische, rein persönliche Familiengeschichten ohne jeden künstlerischen oder historischen Wert betrachtet wurde, überrascht und fasziniert uns heute durch seinen Reichtum an authentischen Dokumenten aus dem Alltag. Amateure haben professionellen Filmern oft voraus, dass sie das was sie mit ihrer Kamera festhalten, auch unmittelbar selbst erlebt haben. Sie sind deshalb wichtige Zeitzeugen des kollektiven Erinnerns. Unsere Filmdatenbank lässt, in teils wirklich ungewöhnlichen Filmsequenzen, Persönlichkeiten, Orte, Landschaften, Gebäude und Ereignisse aus der Region Biel, Seeland und Berner Jura wieder aufleben.

Dank

Der Verlag dankt den Autorinnen und Autoren, Mitarbeiterinnen und Mitarbeitern sowie allen Personen, Firmen und Organisationen, die mit ihren Recherchen, ihrem Engagement und ihrer Mithilfe die Herausgabe dieses Jubiläumsbuches ermöglicht haben.

Autorinnen und Autoren:
Thomas Balmer (tb), Daniel Di Falco (ddf), Ingrid Ehrensperger (ie), Max Gribi (mg), Paul Gribi (pg), Urs Karpf (uk), Otto Krebs (ok), Peter Moser (pm), Matthias Nast (mn), Fredy Paratte (pa), Fritz Probst (fp), Stefan Rohrbach (sr), Hedwig Schaffer (hs), Andreas Schwab (as), Marcel Schwander (ms), Jaroslaw Trachsel (jt), Kurt Trefzer (kt), Daniel Weber (dw), Rolf Witschi (rw), Annelise Zwez (az).

Bilderfassung:
Tanja Greter, Bettina Ochsner

Buchgestaltung:
Bettina Schäppi (Atelier Marc Zaugg)

Co-Lektorat:
Daniel Di Falco

Datenbank:
Peter Fasnacht (verantwortlich für den Bereich «Film»), Urs Enderli, Cindy Freiburghaus, Matthias Hänni, Bruno Hauser, Martin Hermann, Pascal Méroz (Programmierung), Jean-Claude Barras (Übersetzungen der Bildlegenden).

Weiterer Dank für ihre Unterstützung und die vielen wertvollen Informationen gilt folgenden Personen und Institutionen:
Dr. Roger Anker, Bielersee-Schifffahrts-Gesellschaft (BSG), Franz Böhlen, Cinémathèque Suisse, Thomas Dähler, Bernhard Echte (Robert-Walser-Archiv), Dr. Ingrid Ehrensperger, Willy Favri (Biel-Täuffelen-Ins-Bahn BTI), Max Gribi, Marianne Honegger, Andres Moser (Denkmalpflege des Kantons Bern), Opel Suisse SA Biel, Nile Clothing AG Biel, Marco Richon, Stefan Rohrbach, Dr. Pietro Scandola (Museum Neuhaus), Peter Schneider, Mario Sessa, Staatsarchiv Bern, Jürg Tröhler, Gerhard Tubandt, René Villars, Dr. Christoph Zürcher, Annelise Zwez.

Besonderer Dank geht ferner an alle Personen und Institutionen, die uns ihre Bildersammlungen zur Verfügung gestellt haben. Ohne deren Unterstützung und Vertrauen würde manches aussagekräftige Bild fehlen.

Bildnachweis

l. = links; r. = rechts; m. = Mitte; o. = oben; u. = unten;
MSp. = Marginalienspalte

Abbildungen:
Aebi Christian, Bellmund: S. 60 m., MSp.4 / S. 61 l.
Archives de la Construction moderne,
 EPF-Lausanne: S. 100 o.r.
Archives du Skiclub Saint-Imier: S. 63 o.l.
Ausstellungskatalog 1985 – Albert Anker, «Der Maler und sein
 Werk»: S. 68 MSp.1–5 / S. 69 u.l., u.r. / S. 70 u., MSp.2–4 /
 S. 71 alle.
Berner Staatsbuch, Bern 1945: S. 137 m.
Bieler Jahrbuch 1983: S. 73 l. (Foto: Jeanne Chevalier)/
 S. 74 MSp.2 (Foto: Jeanne Chevalier).
Bielersee-Schifffahrts-Gesellschaft (BSG): S. 54 MSp.2 /
 S. 56 MSp.2, MSp.4 / S. 57 o.l., m.l. / S. 64 u.l., MSp.1–4 /
 S. 65 o.l., m.l. / S. 66 alle / S. 67 o.r. / S. 99 o.l. / S. 120 o.
Blösch Paul, Biel: S. 51 l., u. / S. 67 o.l. / S. 88 MSp.2 /
 S. 89 o.m. / S. 104 MSp.4 / S. 106 r., MSp.3 / S. 152 MSp.2.
Blumer Maya, Magglingen: S. 94 o. / S. 104 o.l., o.r., MSp.2,
 MSp.3l. / S. 105 o.r. / S. 109 m.
Brêchet M. 1977 – «Les années de braise», Delémont:
 S. 137 r. / S. 139 u.r.
Brunner Erika, Erlach: S. 88 MSp.1.
Drahtseilbahn Biel-Leubringen AG: S. 53.
Du, Nr. 10/1958: S. 132 l. / S. 134 MSp.4 / S. 135 m.
Eggli Rolf, Wichtrach: S. 109 l. / S. 128 MSp.3–5.
Eidgenössische Gottfried-Keller-Stiftung, c/o Museum
 Neuhaus, Biel: S. 64 o. / S. 67 u.
Elektrizitätswerk Biel: S. 104 u.l.
Explorer-Archives: S. 14 o.
Fasnacht Peter, Biel: S. 161 r.
Fotoarchiv der Gemeinde Pieterlen (Heinz Rauscher):
 S. 6 MSp.1, MSp.3 / S. 51 l. / S. 63 u.l. / S. 88 l. / S. 96 l.,
 MSp.2, MSp.4 / S. 108 / S. 118 u.l. / S. 122 MSp.2.
Frieden Roland, Biel: S. 74 MSp.4 / S. 104 MSp.3r. /
 S. 132 MSp.2 / S. 134 MSp.1, MSp.5.
Friedrich G. o.J. – «Die Bourbakis», Bern: S. 44.
Fundus Fraubrunnenhaus, Twann: S. 20 u. / S. 21 u.l. /
 S. 31 l. / S. 32 m. / S. 35 alle / S. 58 o. / S. 106 MSp.1.
Gasser Hans, Biel: S. 120 MSp.4 / S. 121 o.l., o.r., u.r.
Gassmann-Archiv: S. 18 o.l., o.r. / S. 46 o.l., o.r. / S. 48 u.l.,
 MSp.3 / S. 69 o. / S. 78 o. / S. 81 MSp.1, MSp.2. / S. 86 o.,
 MSp.1 / S. 87 o.l., r. / S. 102 l., r. / S. 103 m., r. / S. 116 alle /
 S. 117 alle / S. 122 o.r. / S. 127 l. / S. 128 o., MSp.1 / S. 129 l. /
 S. 130 l., u. / S. 131 alle / S. 140 alle / S. 141 alle / S. 141 m.r. /
 S. 142 alle / S. 143 alle / S. 144 o.l., MSp.1–5 / S. 145 r., u. /
 S. 146 MSp.1–5 / S. 147 o.l. / S. 148 MSp.2 / S. 150 alle /
 S. 151 / S. 152 r., MSp.4 / S. 153 o.l., u. / S. 154 o., m.l., m.r. /
 S. 158 o. / S. 160 MSp.1–3 / S. 161 l. / S. 162 MSp.4 /
 S. 163 o.r., m.r. / S. 164 o.l., o.r., MSp.1, MSp.2, MSp.4. /
 S. 169 alle / S. 170 alle / S. 171.
Gfeller Heini, Ipsach: S. 24 o. / S. 97 u.m. / S. 115 m.
Hächler Helene, Biel: S. 82 o.
Hasen Marcel, Studen: S. 7 l. / S. 50 o. / S. 98 o. / S. 99 u.r. /
 S. 101 o.r. / S. 113 u.l.
Huber Rudolf, Biel: S. 120 MSp.2 / S. 121 u.l.
Ingenieurschule Biel: S. 144 o.r.
Junod-Jaccard 1907 – «Souvenirs de l'entrée en Suisse
 de l'Armée de l'Est», Sainte-Croix: S. 45 alle.
Käsereigenossenschaft Diessbach bei Büren: S. 55 m. /
 S. 122 MSp.5 / S. 123 r.
Keystone: S. 149 m.
Krebs Otto, Twann: S. 56 o., MSp.1 / S. 57 o.r., u.l.
Kull Erwin, Zimmerwald: S. 62 u. / S. 87 u.l.
Kunstdenkmäler der Schweiz: S. 43 o.r.
Künzle E., Küng E. 1981 – «40 Jahre EHC Biel»: S. 130 r.
Künzle E., Vuilloud J. – «EHC Biel, Saison 1980–1981»:
 S. 152 o., MSp.3.
Landesbibliothek, Bern: S. 43 o.l. / S. 48 u.r.
Lavater-Sloman Mary – «Zwölf Blätter aus meiner
 Kinderstube» (Reprint Artemis Verlag 1974): S. 16 o.
Leuenberger Lotti, Biel: S. 112 MSp.5.
Liengme Edgar, Péry: S. 103 l. / S. 118 MSp.6 / S. 126 MSp.1.
Medizinhistorisches Institut der Universität Zürich: S. 111 r.
Mémoire d'Erguel, Saint-Imier: S. 20 MSp.1, MSp.4 /
 S. 95 o.m.
Migros-Genossenschafts-Bund: S. 134 l.
Möbel Pfister in Du, Nr. 10/1958: S. 132 r.
Museum für Gestaltung, Plakatsammlung, Zürich:
 S. 105 u. / S. 122 o.l. / S. 135 l.
Museum Neuhaus, Biel: S. 6 o. / S. 7 o.r., m.r., u.r. /
 S. 10 o., MSp.2, MSp.3 / S. 11 r. / S. 14 MSp.2, MSp.3, MSp.5 /
 S. 16 MSp.1, MSp.3, MSp.4 / S. 17 l. / S. 22 alle / S. 23 /
 S. 40 o., MSp.4 / S. 41 o.l. / S. 43 u. / S. 72 o.r., MSp.1,
 MSp.4 / S. 74 o.r., MSp.5 / S. 75 alle / S. 88 r. / S. 118
 MSp.2, MSp.3, MSp.5.

Museum Schwab, Biel: S. 17 r. / S. 41 o.r.
Neues Bieler Jahrbuch 1965: S. 126 o.
Neues Bieler Jahrbuch 1968: S. 83, S. 84 alle, S. 85 alle.
Nile Clothing AG, Biel: S. 160 o., S. 162 MSp.1.
Omega SA, Biel: S. 146 o.
Opel Suisse SA Biel: S. 90–93 alle.
Ortsmuseum Lüscherz (Hansruedi Müller): S. 52 MSp.1, MSp.4 /
 S. 122 MSp.3 / S. 124 MSp.2 / S. 128 MSp.2.
Postheiri: S. 46 MSp.2, MSp.3.
Probst Fritz, Täuffelen: S. 52 o., u.
Robert-Walser-Archiv, Zürich: S. 65 o.m., o.r.
Sammlung Aare: S. 62 MSp.1 / S. 63 u.r. / S. 64 u.r.
Sammlung Schärer: S. 36 o.r., u.r.
Saner Edith, Malleray: S. 94 MSp.2 / S. 95 o.l.
Schlup Berty, Biel: S. 24 MSp.2 / S. 50 MSp.5 / S. 86 MSp.3 /
 S. 102 MSp.3 / S. 107.
Schmocker Trudy, Biel: S. 50 MSp.4 / S. 106 MSp.5.
Schott Barbara, Biel.: S. 141 l.
Schweizer Frauenheim 1910: S. 74 MSp.1.
Schweizer Edi, Gals: S. 24 MSp.1 / S. 32 o. / S. 33 alle /
 S. 50 MSp.3 / S. 51 m. / S. 115 r.
Schweizerische Genossenschaft für Gemüsebau (SGG),
 Kerzers: S. 122 MSp.1 / S. 123 l.
Schweizerisches Bundesarchiv, Bern: S. 21 u.m.
Sport Schweiz Verlag, Nyon: S. 12 alle / S. 13 alle / S. 38 alle /
 S. 39 o.
Spuhler A. 1902 – «Panorama Suisse»: S. 55 l.
Staatsarchiv Bern (Fotorepro: Richard Kunz, Müntschemier):
 S. 9 m.
Staatsarchiv Bern: S. 26 o., u. / S. 27 r. / S. 28 alle / S. 49 /
 S. 55 o.r.
Stadtpolizei Bern/Denkmalpflege der Stadt Bern: S. 138 u.
Stadtpolizei Biel: S. 36 u.l.
Stiftung Gutenberg: S. 18 MSp.1–4.
Tetra Pak Romont SA: S. 134 r.
Torti Angelo, Brügg: S. 29 / S. 129 r.
Troesch Kurt, La Heutte: S. 5 / S. 97 u.l. / S. 164 u.r., MSp.3.
Turnverein Nidau (Heini Gfeller, Ipsach): S. 62 MSp.3, MSp.4 /
 S. 63 o.r. / S. 102 MSp.1, MSp.5, MSp.6.
Tüscher Ueli, Lyss: S. 10 u. / S. 51 u. / S. 61 u. / S. 62 o. /
 S. 98 u. / S. 99 o.r., m.r., u.l. / S. 100 m.l., u.l. / S. 101 o.l., u.r. /
 S. 112 o.l., o.r., m.l., u. / S. 113 o.l., m.l.1, m.l.2, o.r. /
 S. 118 u.m. / S. 127 r.
Vereinigte Drahtwerke AG, Biel: S. 20 o. / S. 118 o.
Vereinigung für Heimatpflege Büren an der Aare: S. 8 o., MSp.1 /
 S. 9 l. / S. 24 u., MSp.3 / S. 25 o.l. / S. 30 o., MSp.1 /
 S. 31 u.l. / S. 39 u. / S. 54 MSp.1, MSp.3 / S. 62 MSp.2 /
 S. 72 o.l. / S. 89 o.r., u.r. / S. 94 MSp.4 / S. 95 o.r. /
 S. 96 MSp.1, MSp.5, MSp. 6 / S. 97 o.r., u.r. / S. 104 MSp.1 /
 S. 106 l., MSp.2, MSp.4 / S. 114 alle / S. 115 l. /
 S. 122, MSp.4 / S. 148 MSp.1, MSp.3 / S. 153 o.r.
Vigier Cement AG, Péry: S. 21 u.r. / S. 118 MSp. 4.
Vogue 1928: S. 105 o.l.
Witschi Rolf, Ins: S. 68 o.
Zuckerfabriken Aarberg und Frauenfeld AG (ZAF): S. 58 MSp.2,
 MSp.4 / S. 59 alle / S. 118 MSp.1.
Zürcher Christoph in Bieler Jahrbuch 1992: S. 25 o.r.

Fotografen:
Balmer Thomas: S. 11 l. / S. 37 u.l. / S. 60 o. / S. 79 u.l., u.r. /
 S. 80 l., r. / S. 81 o. / S. 126 MSp5.
Fasnacht Peter: S. 145 m.
Koella Roland: S. 119 o.
Moser Adrian: S. 125 r.
Rindlisbacher Adalbert: S. 37 u.m. / S. 119 m., u. / S. 126
 MSp2-4, MSp 6 / S. 148 o. / S. 152 MSp1 / S. 154 MSp4.
Trachsel Jaroslaw: S. 147 u.r.
Wolf Kurt: S. 124 o.
Zaugg F.: S. 73 r.

Tabellen:
Bernhist: Historisch-geografisches Informationssystem
 für den Kanton Bern (Universität Bern): S. 89 / S. 119 /
 S. 149.
Bundesamt für Statistik: S. 61 / S. 145.
Fischereiinspektorat des Kantons Bern: S. 124.
Statistische Chronik Biel-Bienne, herausgegeben
 von der Einwohnergemeinde: S. 23.
Zuckerfabriken Aarberg und Frauenfeld AG (ZAF): S. 59

Rechte:
Da einige Rechteinhaber trotz aller Bemühungen nicht
feststell- oder erreichbar waren, verpflichtet sich
der Verlag, nachträglich geltend gemachte, rechtmässige
Ansprüche zu berücksichtigen.

Register

Aarberg 6, 31, 33, 50, 54, 59, 103, 119, 124
Aare 24, 33, 120f., 124f.
Aeschlimann, Georges 129
Agrarkrise 54
Agrarmodernisierung 8, 30f., 123
Alters- und Invalidenversicherung 83, 135
Anker, Albert 68ff.
Arbeitslosigkeit 88, 91f., 93, 94f., 99, 107, 116, 144, 146, 161, 167
Asuag 89, 146
Auto 53, 66, 90ff., 104, 106, 107, 118, 119, 127, 145, 163
Autobahn (siehe Strassennetz)
Bargen 154
Biel (nicht aufgelistet, da in den meisten Artikeln vorkommend)
Biel Bienne (Zeitung) 143
Bieler Stadtanzeiger 87
Bieler Tagblatt 46ff., 53, 62, 69, 81, 86f., 116f., 140ff., 164f., 168
Bielersee 24, 33f., 35, 56ff., 62, 120f., 124f.
Biland, Rolf 154
Blickenstorfer, Arthur 129, 131
Blösch, Familie 16
Blösch, Eduard 10, 19
Blösch, Emil A. 162
Blösch, Gustav 28
Blösch-Pugnet, Elisa 17, 43
Bourbaki-Armee 44f.
Boxen 103, 131
Bözingen 89, 112f., 126, 145, 147, 150, 164
Bridel, Gustav 34
Broye 33
Brügg 24, 62, 155
Bulova 51, 119
Bundesstaat 19, 20, 22, 38
Büren 6, 7, 33, 50, 88, 114f., 119
Busswil 155
Central Watch 51
Chappuis, Fanny 72
Corgémont 88
Cortébert 20
Court 29
Courtelary 6, 88, 89
Deutsch-Französischer Krieg 28, 44f.
Diessbach 30, 55, 106, 123
Distelikalender 19
Drahtseilbahn 53, 61, 84
Drahtwerke 7, 15, 20, 118
Dreizelgenwirtschaft 8f., 30
Ducommun, Elie 29
Eisenbahn 21, 24ff., 36, 37, 50f., 52f., 56, 82ff., 104, 106, 108, 120f.
Eishockey 128, 130, 152f., 155
Elektrizität 42, 50f., 61, 104, 132f.
Emaillerie SA 88
Emigranten 17, 20, 22
Erlach 119, 121
Erster Weltkrieg 50, 52, 59, 63, 64, 74, 83, 87, 102, 103, 104, 107, 110, 116, 132
Expo.02 165
Express 140
Fernsehen 80f., 133, 135, 143, 165ff.
Feuille d'Avis de Bienne 48f.
Fink, Arnold 129f.
Fischerei 124f.
Flugzeug 89, 104, 106
Flurin, Andry 151
Französische Revolution 14, 74, 137
Frauenemanzipation 74, 104f., 133, 161
Frinvillier 144
Front de libération jurassien 138
Fürst, Silvia 154, 155
Fürstbistum Basel 18, 136f.
Fussball 62f., 102, 128, 130f., 152f.
Gals 51
Gasanschluss 41, 42
Gassmann, Charles 116f., 140

Gassmann, Franz Joseph Amatus 18f., 46f.
Gassmann, Franz Joseph I. 18f.,
Gassmann, Franz Joseph II. 19
Gassmann, Marc 164f., 169
Gassmann, Moritz 47
Gassmann, Wilhelm 47ff., 86
Gassmann, Willy (1) 86f., 116
Gassmann, Willy (2) 87, 140ff., 152
Gassmann-Balmer, Rosalie 86f.
Gastarbeiter 23, 32, 122f., 129
Gautschen 117
Gebrüder Schnyder Cie AG 88
General Motors 88, 90ff., 95, 100, 161
Girard, David 37
Gisiger, Daniel 153
Gleyre, Charles 69
Globalisierung 148f., 161, 166
Gnägi, Gottfried 96
Gotthelf, Jeremias 13, 19,
Graffiti 156ff., 165
Grippe 110f.
Grosses Moos 52, 55, 68
Gruppe Bélier 138
Guide Gassmann 141
Hagneck 50, 51
Hagneckkanal 124
Haller, Fritz 151
Handball 153
Hänni, Paul 102
Hartmann-Moll, Rosina 40
Hauser (Firma) 51
Hayek, Nicolas G. 147
Herzog, Hans 44f.
Hip-Hop 157, 159
Hornussen 13, 39, 103
Huber, Familie 16
Huber, Johann Peter 11
Huber, Gottlieb 40
Huber-Verdan, Jean-Jacques 11
Hygiene 72f., 105, 133
Ins 52, 68ff., 115, 145
Internet 162, 165
Internierung 45, 114f.
Ipsach 97
Irlet, Carl 35
Jolimont 56
Jolissaint, Christiane 152
Journal du Jura 29, 48f., 81, 87, 116f., 139, 141ff., 145, 164f., 168
Jucker, Fritz 130f.
Jugend 132, 156ff., 162
Jungburschenkrawall 76ff., 82, 110
Juragewässerkorrektion 8, 24, 32ff., 35, 47, 50, 125
Kallnachkanal 124
Kanalisation 42, 99
Känel, Willy von 103
Kerzers 52
Kocher, Alexander 24
Kongresshaus 126f.
Konservative 19
Kuhn, Jakob 40
Kulturkampf 49, 137
Küng, Sigg & Co. 72
La Heutte 97, 129
La Nicca, Riccardo 24, 32, 34, 47
Landesstreik (siehe Streik)
Landwirtschaftliche Genossenschaften 55
Langlauf 63
Lanz, Eduard 101, 107
Lattrigen 124
Leichtathletik 63, 102, 128ff., 153
Lengnau 50, 72, 89, 95, 128, 153, 154
Leubringen 53, 61, 84, 113
Leuzigen 8
Liberalkonservative 18f., 46
Ligerz 125
Locher, Albert 40

175

Longines 20
Lüscherz 55, 125
Lyss 24, 25, 29, 50, 88, 103, 118f., 153, 155
Madretsch 62, 84, 98, 99, 100, 112f., 126, 153
Magglingen 61, 80, 84, 103, 113, 126
Martin, Arnold 125
Maschinenindustrie 51, 88f., 118, 144f., 165
Medienzentrum 165, 167
Mehrfarbendruck 165, 167
Meienried 33
Metallindustrie 51, 88f., 118, 145, 146
Mett 88, 98, 99, 112f., 126
Minger, Rudolf 96, 114
Mobilität (siehe Auto)
Moeckli, Georges 136f.
Mollet, Henri 151
Monin-Japy, J.-P. 40
Mont-Soleil 63
Mörigen 155
Mörigeneggen 35
Moser, Emil 61
Motorradrennen 154
Moutier 20, 29, 51, 89, 128, 138f., 141
Müller, Guido 81, 91, 95, 107
Müntschemier 9
Neue Jura-Zeitung 18, 47
Neue Medien 165ff.
Neuenstadt 21, 25, 29, 57, 89, 120
Neuhaus, Johann Rudolf 11, 17
Neuhaus, Ida 75
Nidau 7, 52, 61, 63, 112f., 115, 119, 120, 137, 153, 154, 155
Nidau–Büren-Kanal 33, 34, 124
Nods 155
Ökologie 145, 148f., 150, 162, 166
Omega 51, 89, 119
Opel Suisse SA (siehe General Motors)
Pestalozzi, Heinrich 13
Petersinsel 35
Petitpierre, Max 139
Pfahlbau 35, 124
Piccard, Ferdinand 120
Pieterlen 50, 51, 63, 96, 108, 118
Port 113, 154
Postheiri 19
Radelfingen 155
Radikale 18f., 46ff.
Radio 81, 104, 143, 165ff.
Radrennen 62, 103, 129, 153f., 155
Rassemblement jurassien 138
Reben 54f., 56ff.
Reconvilier 20, 54, 95
Record-Uhrenfabrik 147
Restauration 15
Reuchenette 21, 89
Rezession (siehe Wirtschaftskrise)
Rolex 51, 147
Rudern 38, 62f., 102, 129
Rüefli, Anna 69
Safnern 154
Sankt-Immer 20, 26, 28, 88
Schär, Dori 139
Scheurer, Armin 129f.
Schifffahrt 24, 56, 104, 120f.
Schneider, Johann 18
Schneider, Johann Rudolf 24, 32ff.
Schöchlin, Hans und Karl 102
Schokoladefabrik Bloch 88
Schöni, Alexander 37, 46
Schüler, Ernst 20, 22
Schüpfen 88, 96
Schüss 33, 124
Schüsskanal 10, 11, 37, 99
Schützen 38f., 62
Schwab, Familie 16
Schwab, Friedrich 35

Schwab, David 10, 46
Schwadernau 96
Schweizerische Hochschule für Holzwirtschaft 151
Schweizerischer Bauernverband 55
Schwingen 13, 38, 103, 129ff.,
Seeländer Anzeiger 18
Seeländer Bote (siehe Bieler Tagblatt)
Seeländer Nachrichten 87
SMH 146f.
Sonceboz 20, 27, 28, 29, 111
Sonderbundkrieg 19
Spirit of Biel-Bienne 144
Spitteler, Carl 79f.
SSIH 89, 146
Stämpfli, Jakob 27
Stockmar, Xavier 26f.
Strassenbahn 37, 61, 83
Strassennetz 11, 21, 35, 36, 99, 118, 120, 144f., 151, 166
Streik 82ff., 110, 116
Studen 154
Studer, Jean 102f.
Swatch 147, 163
Tagblatt der Stadt Biel 33, 87
Taubenlochschlucht 36
Täuffelen 52
Tavannes 29, 51, 102, 111
Technikum 60f., 99
Telefon 89, 104
Textilindustrie 6f., 15, 21, 37, 96
Tissot 89
Torfstich 55
Tornos (Firma) 51
Tramelan 51, 147
Tuberkulose 72, 133
Turnen 12f., 38f., 62f., 103
Twann 11, 20, 21, 32, 35, 57f., 154
Uhrenindustrie 6, 11, 15, 20ff., 36, 50f., 60, 84, 88f., 90, 95, 96, 119, 144, 146f., 165
Vallon de Saint-Imier 6, 20, 22, 51
Verdan, Familie 16
Verdan, François 10, 11
Vereinigte Drahtwerke AG (siehe Drahtwerke)
Verfassung 7, 18, 19
Vingelz 112f.
Volkshaus 61, 100f.
Wahli, Hans 128, 131
Walser, Karl 64ff.
Walser, Robert 64ff.
Wälti, Niklaus 31
Watt, J. A. 24
Wiener Kongress 18, 137
Wirtschaftskrise 23, 51, 88, 91ff., 97, 100, 119, 126, 144, 146, 161
Witzwil 55
Wyss, Albert & Cie 40
Zehnte 8, 9, 30
Zihl 33, 124
Zihlkanal 124
Zuckerfabrik 54, 59
Zweiter Weltkrieg 53, 80, 92, 97, 100, 114f., 116f., 118, 129, 132, 142, 149